스마트관광 대전환

K-관광대국을 상상하다

스마트관광 대전환

정남호 지음

경희대학교 출판문화원

책 머리에

상상이 미래를 만든다

K-관광대국을 위한 대전환

빌레마르라는 프랑스 화가의 석판화로 추정되는 그림 중에는 1900년대 초에 그려진 '미래의 모습'이 있다. 그는 2000년이 되면 전기와 기계가 인간의 삶 깊숙이 들어와 화장, 청소, 농사, 이발, 면도, 공부 같은 일상적인 일들을 모두 대신해 줄 것이라 상상했다.

100년 전, 사람들이 생각한 미래

비행기 택시나 스크린에 맺힌 영상과 대화를 나누는 장면은 현재의 풍경과 맞닿아 있어 놀라움을 주지만, 책을 기계에 넣어 학생들의 머릿속에 직접 지식을 주입하는 장면은 다소 우스꽝스럽고 비현실적이다. 그렇지만 어떻게 100년 후의 삶을 이토록 생생하고 재치 있게 그릴 수 있었을까 하는 생각이 들어 그 상상력의 힘에 감탄하게 된다.

상상하지 않으면 미래는 없다

요즘 서울의 거리를 걷다 대형 건물 외벽을 채운 초대형 디지털 디스플레이를 보면 익숙한 영화 속 미래 모습을 떠올리게 된다. 영화 〈블레이드 러너〉나 애니메이션 〈공각기동대〉에서 그려졌던 미래가 어쩌면 지금 우리가 살아가는 이 도시와 그리 다르지 않다는 생각이 든다. 예전 사람들이 미래를 정확히 상상한 것일까? 아니면 우리가 그들이 상상한 미래를 현실로 만든 것일까? 잘 생각해 보면, 우리가 현재 구현한 현실 대부분은 과거 사람들이 상상했던 것들이 씨앗이 되어 자라난 결과물이다. 상상은 현실의 시작이며, 상상하지 않은 미래는 존재할 수 없다.

새로운 비즈니스 모델들도 마찬가지다. 스마트폰 하나로 항공권이나 호텔을 예약하고, 빈집을 여행자와 공유하여 플랫폼 기반으로 수수료를 창출한다. 이런 방식도 시작은 복잡한 기술이 아닌 '그런 세상이 오면 어떨까?'라는 상상에서 출발한 단순한 아이디어일 수 있다. 결국, 미래를 만드는 첫걸음은 상상이다. 지금 우리가 어떤 상상을 하느냐에 따라 다음 세대의 현실이 결정된다.

디지털 전환이 바꾸는 관광의 풍경

처음 관광 분야에 디지털 기술이 도입되었을 때만 해도, 사람들 대부분은 이를 업무를 효율화하는 보조적 수단으로만 여겼다. 관광은 본질적으로 사람 중심의 산업이며, 기계가 대체할 수 없는 감정적 경험이 핵심이라 여겼기 때문이다. 하지만 현실은 달랐다. 디지털 전환은 관광의 사전 정보 탐색, 현장 경험, 사후 공유라는 모든 여정에 걸쳐 근본적인 변화를 일으키고 있다. 이제 관광산업은 빅데이터, 인공지능, 서비스 로봇 등 다양한 스마트기술이 실험되고 접목되는 첨단 융합의 장이 되었으며, 그 변화의 속도는 타 분야를 능가한다. 코로나19 팬데믹은 이러한 흐름을 더욱 가속화시켰다. 비대면 서비스에 대한 수요 증가와 함께 디지털 기술 기반의 관광서비스가 생존의 조건이 되었다. 이제 챗GPT와 같은 생성형 인공지능이 여행자의 일정을 구성하고 통역을 제공하며, 나아가 여행 중 말벗이 되는 시대이다.

상상력이 부족했던 스마트관광도시사업

한국에서는 2020년부터 스마트관광도시사업을 통해 관광안내, 교통, 편의, 쇼핑 등의 기능을 통합하여 지자체 관광 분야의 디지털 전환을 지원했다. 이 사업은 초기에 큰 관심과 기대를 받았지만, 시간이 지날수록 "투입된 예산에 비해 성과가 미흡하다"는 평가도 함께 따랐다. 관점에 따라 다르겠지만 이 사업의 가장 아쉬운 점은 '상상력의 부재'였다. 지역의 고유성과 특색 있는 자원을 바탕으로 차별화된 스마트관광서비스를 설계해야 했지만, 정작 많은 도시가 천편일률적인 기술 도입에 머물렀다. 그러다 보니 기술만 앞서고 해당 지자체의 매력은 두드러지게 나타나지 못했다. 관광객은 단순한 정보나 편의보다는 자신의 일상과 다른 특별한 경험, 즉 '낯설지만 매력적인 것'을 원한다. 한국을 찾는 외국인들이 K-콘텐츠에 열광하는 이유도 드라마나 영화 속 공간을 실제로 걷고 체험하고 싶어하는 욕구 때문이다. 이러한 호기심을 자극하는 경험은 기술이 아니라, 상상에서 출발한다.

K-관광대국을 위한 대전환

외국인의 눈에 비친 한국은 매력적이고 이국적 관광지이다. 음식, 자연, 문화유산 등 전통적 자원은 물론이고 K-팝, K-드라마, K-영화 등 세계적으로 경쟁력 있는 K-컬처 콘텐츠를 보유하고 있다. 이러한 자원은 그 자체로도 훌륭하지만, 스마트관광기술과 결합될 때 확장성과 몰입감을 더한다. 오늘날 '일상이 곧 관광'이 되는 시대에는 교통, 결제, 음식, 숙박 등 우리 주변의 일상 서비스들이 곧 관광경험의 질을 좌우한다. 이러한 일상의 서비스들이 얼마나 디지털화되고, 얼마나 개별화되어 있는가는 곧 국가의 관광 경쟁력으로 이어진다.

이 책은 그동안의 스마트관광 관련 담론이 개념 중심에 머물렀던 한계를 넘어, 플랫폼, 교통, MICE, 호텔, 문화예술, 음식 등 다양한 일상 영역을 스마트관광의 관점에서 새롭게 조망하고자 하였다. 또한, 국내외 사례들을 풍부하게 소개함으로써 스마트관광이 단순한 앱 기반 정보 제공을 넘어, 관광객뿐만 아니라 우리 삶 전반을 재구성하는 강력한 매개체임을 보여주고자 했다.

관광의 미래를 상상하며

경희대학교 스마트관광연구소는 2013년 개소한 이래, 스마트관광의 이론적 기반을 다지고 실천적 모델을 구축하는 데 앞장서 왔다. 그 결과 경희대학교 호텔관광대학은 국내를 넘어 국제적으로도 스마트관광 분야의 대표적인 거점 기관으로 인정받고 있다. 이 책은 그러한 연구와 실천의 결실이자, 스마트관광이 나아가야 할 미래를 향한 새로운 상상과 실험의 출발점이다. 또한 지금까지 스마트관광의 가치와 가능성을 모색해 온 연구자들, 교육자들, 정책 담당자들, 다양한 현장에서 실천을 통해 이를 구현해 온 실무자들 모두의 집단적 노력의 산물이다. 특히 빠르게 변화하는 디지털 환경 속에서 관광의 미래를 고민하고, 지역과 사회의 지속가능한 발전을 도모하려는 끊임없는 열정이 이 책의 저변을 이루고 있다. 연구와 교육, 현장의 변화를 함께 고민하며 새로운 방향을 제시해 온 모든 분께 깊이 감사드린다.

다시, 상상하지 않으면 미래는 없다

100년 전 사람들이 상상으로 그려낸 미래가 이제는 누구에게나 익숙한 현실이 되었다. 그렇다면 지금 우리가 상상하는 것들이 또 다른 100년 후의 현실이 될 것이다. 기술은 도구일 뿐이다. 어떤 관광을 꿈꿀 것인가는 그것을 상상하고 실험할 수 있는 용기와 창의성에 달려 있다. 우리가 도전하는 스마트관광은 상상을 경험으로 바꾸는 가장 역동적인 공간이다. 기술과 인간, 일상과 낯섦이 만나는 그 접점에서 우리는 미래의 K-관광을 다시 설계할 수 있다.

이 책이 바로 K-관광대국의 미래를 위한 새로운 상상의 출발점이 되기를 희망한다.

2025년 12월

쌍문동 계동재(桂同齋)에서

목차

PART 1.

관광 패러다임의 대전환

인공지능, 빅데이터, IoT 등 디지털 기술이 급속히 발전하면서 관광산업 전반에도 근본적인 변화가 일어나고 있다. 관광은 단순한 소비 활동이 아니라, 데이터를 기반으로 개인 맞춤형 경험을 설계하는 방향으로 전환되고 있다. 본 장에서는 기존 관광 패러다임이 어떻게 전환되고 있으며, AI 퍼스트 시대를 맞이하여 스마트관광이 새로운 표준으로 자리 잡아가는 흐름을 살펴보고자 한다.

스마트관광 대전환

AI 퍼스트 시대, 관광산업의 대응

단순히 디지털화에 머무르지 않고, 방대한 데이터를 AI가 분석·예측·결정하는 체계가 일상과 산업 전반에 깊숙이 스며들고 있다. 이러한 AI 퍼스트 시대는 특히 고객 맞춤형 서비스가 중요한 관광산업에서 더욱 큰 변화를 불러오고 있다. AI 퍼스트 시대란 인공지능(Artificial Intelligence: AI)이 사회와 산업 전반의 중심 기술로 자리 잡고, 모든 분야의 전략과 서비스가 AI를 우선적으로 고려하며 설계·운영되는 새로운 패러다임을 의미한다.

이러한 거대한 기술적 변화는 코로나19 팬데믹으로 큰 타격을 입었던 관광산업이 회복되는 과정에서 더욱 가속화되고 있다. 코로나19라는 어둡고 긴 터널의 끝이 보이며 관광시장은 다시 활력을 되찾고 있다. 2019년 1,750만 명이었던 해외 관광객 수는 팬데믹으로 인해 2021년 90만 명으로 급감했지만, 2024년에는 1,637만 명으로 회복되며 정상화의 움직임을 보이고 있다.

특히 코로나19 기간 동안 세계 각국은 단순한 회복을 넘어 AI와 디지털 전환을 중심으로 관광산업의 혁신을 도모해 왔다. 유럽에서는

[그림 1-1] 2022년 유럽 스마트관광수도로 선정된 스페인 발렌시아

2019년부터 접근성, 지속가능성, 디지털화, 문화유산 및 창조성을 기반으로 유럽 스마트관광수도(European Capital of Smart Tourism)를 매년 선정해, 관광도시의 경쟁력을 평가하고 AI와 데이터 기술을 활용한 관광객 수용 방안의 중요성을 강조하고 있다. 2022년에는 스페인 발렌시아가 유럽 스마트관광수도로 선정되었으며, AI 기반 방문객 분석 시스템, 디지털 문화 콘텐츠, 지속가능 관광서비스를 통해 스마트관광의 모범 사례로 주목받았다. 2024년에는 아일랜드 더블린이 유럽 스마트관광수도로 선정되었다. 더블린은 '14 헨리에타 스트리트', '아일랜드 이민 박물관' 등의 새로운 콘셉트와 '더블린 디스커버리 트레일 앱' 등 디지털 혁신으로 높은 점수를 받았다.

한국 역시 AI 기술을 중심으로 관광산업 경쟁력을 강화하고 있다. 경희대학교 스마트관광연구소가 서울관광재단의 의뢰로 수행한 2022년도 스마트관광도시 경쟁력 지표 분석에 따르면, 한국은 2020년에 비해

한 단계 상승해 글로벌 3위에 올랐다. 한국은 매력성, 접근가능성, 디지털 준비도, 지속가능성, 협력적 파트너십 등 5가지 기준에서 싱가포르, 바르셀로나, 샌프란시스코, 상하이 등 글로벌 12개 도시와 어깨를 나란히 하고 있으며, 특히 AI 기반 데이터 분석, 스마트관광 플랫폼 구축, 맞춤형 여행 서비스 등에서 경쟁력을 인정받고 있다. 이처럼 AI가 관광산업 전반의 혁신을 견인하며, AI 퍼스트 시대의 관광산업은 더욱 지능적이고 지속가능한 방향으로 진화하고 있다.

1. 전통적인 관광도시 경쟁력 평가 기준의 변화

과거에는 전통적으로 우수한 자연과 문화자원을 보유한 도시들이 관광 경쟁력이 높은 것으로 인식되었지만, AI 퍼스트 시대를 맞아 관광도시의 경쟁력을 평가하는 기준에도 큰 변화가 일어나고 있다. 단순한 자연·문화자원의 보유 여부를 넘어, AI와 데이터 기술을 활용해 관광객에게 지능적인 맞춤형 서비스를 얼마나 제공할 수 있는지가 새로운 경쟁력의 핵심 요소로 부상하고 있다. 특히 코로나19를 계기로 관광객의 기대와 행동 패턴이 급변하면서 이러한 변화는 더욱 가속화되고 있다.

우리나라가 AI 퍼스트 시대에 관광산업 경쟁력을 확보하고 스마트관광대국으로 발전하기 위해서는 다음과 같은 변화가 필요하다.

첫째, 관광객을 주민처럼 생각해야 한다. 이제 관광객은 단순한 소비의 대상이 아니라, 현지 주민처럼 도시의 생활에 참여하고 그 경험을 공유하려는 주체가 되었다. 관광객의 행동과 선호 데이터는 AI가 실시간으로 분석해 도시 운영과 관광서비스 설계에 반영되며, 이는 관광객에게 현지인과 같은 몰입적 체험을 가능하게 한다. 바르셀로나를 중심으로 등장한 '관광시민(Travel Citizen)' 개념은 관광객이 주민처럼 대우받고

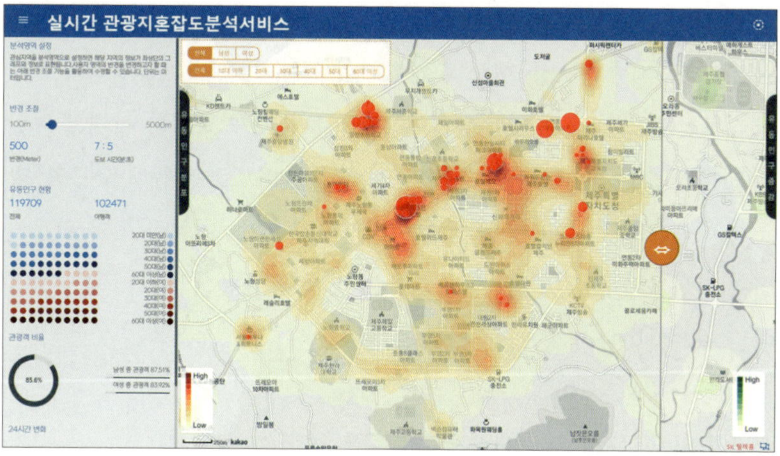

[그림 1-2] 제주 실시간 관광지혼잡도분석서비스

동시에 지역의 규칙과 질서를 지키는 주체로 인식되어야 함을 강조한다. 특히 AI를 활용해 관광객의 흐름과 수요를 예측하고 도시의 수용력을 관리하는 것은 지속가능한 관광을 위해 더욱 중요해지고 있다.

둘째, 위생과 안전의 관리도 AI 기반으로 고도화되어야 한다. 코로나19 이전에는 위생과 안전이 관광 경쟁력에서 상대적으로 낮은 비중을 차지했으나, 팬데믹을 겪은 이후 관광객들의 철저한 위생과 안전 관리에 대한 기대가 높아졌다. 한국은 비교적 위생적이고 안전한 국가로 평가받고 있으나, 이를 유지·강화하기 위해서는 AI 기술을 활용해 위험요소를 실시간으로 감지하고 신속히 대응할 수 있는 시스템 구축이 필요하다. 제주도에서 통신사의 기지국 데이터를 이용해 5분 단위로 관광지 혼잡도를 분석·공개하는 서비스는 AI 기반 안전 관리의 좋은 예시다.

셋째, 도시의 디지털 역량은 이제 AI 기반 콘텐츠와 서비스 경쟁력으로 구체화되어야 한다. 과거에는 무선인터넷과 기본 정보 제공이 디지털 경쟁력의 주요 기준이었지만, AI 퍼스트 시대에는 관광객의 검색 기록, SNS 활동, 여행 패턴 등을 AI가 분석해 개인화된 추천과 맞춤형 콘텐츠를 제공하는 것이 경쟁력의 핵심이다. 인터넷상에 존재하지 않는 관광지는 관광객들에게 사실상 존재하지 않는 곳과 다름없다. 따라서 공공과 민간은 역할을 명확히 나누어 AI 기반 스마트관광플랫폼을 구축하고, 한국의 다양한 매력 요소를 디지털 콘텐츠로 가공해 한류와 결합함으로써 글로벌 관광시장에서의 경쟁력을 높여야 한다.

2. 모든 산업이 관광으로 통합될 수 있다는 인식의 전환 필요

관광은 더 이상 독립된 산업이 아니라, 다양한 산업과의 경계를 허물며 융합하는 거대한 생태계로 진화하고 있다. 이제 '일상은 곧 관광이다'라는 말처럼, 많은 사람이 일과 휴식의 경계를 허물고, 일상 속에서도 새로운 체험과 즐거움을 찾고자 한다. 이러한 흐름 속에서 음식, 쇼핑, 교통, 숙박, 문화, 헬스케어, 엔터테인먼트 등 모든 생활 영역이 관광과 직간접적으로 연결되며 관광산업의 외연은 과거보다 훨씬 넓어지고 있다. 특히 AI 기술은 이러한 산업 간 융합을 더욱 가속화하고 있다. 예를 들어, AI는 소비자 데이터를 기반으로 개인의 관심사와 라이프스타일을 분석하여 관광과 연계할 수 있는 다양한 맞춤형 서비스를 제안한다. 한류 스타의 공연이나 미식 체험, 의료관광, 비즈니스 여행 등 각종 분야가 AI를 통해 관광과 자연스럽게 연결되며, 관광객 개개인에게 '나만의 여행'을 설계해 주는 것이 가능해졌다. 또한 AI는 관광객이 일상과 여행을 자유롭게 넘나들 수 있도록 돕는다. 원격근무가 일상화되며 등장한 워케이션(Workation) 트렌드가 대표적인 사례다. AI 기반 예약 시스템과 스마트 업무 도구 덕분에 관광객은 여행지에서도 업무를 이어갈 수 있다. 이는 관광과 업무, 여가의 융합을 현실로 만들고 있다.

이처럼 모든 산업이 관광으로 통합될 수 있다는 인식 아래, 정부와 지자체는 산업정책을 더는 개별 분야에 국한해서는 안 된다. 관광을 중심으로 다양한 산업을 엮어내는 전략적 접근이 필요하다. 관광은 단순한 소비 산업이 아니라 AI와 결합해 각 산업의 가치를 극대화할 수 있는 플랫폼으로서 기능할 수 있다. 이러한 인식의 전환이 있을 때, 대한민국은 AI 퍼스트 시대에 걸맞은 스마트관광대국으로 도약할 수 있을 것이다.

스마트관광 대전환

AI 기반의 스마트관광으로

4차산업혁명이 촉발한 산업계의 디지털화는 관광 분야에서도 예외가 아니다. 이제 관광 분야는 단순한 디지털화를 넘어 AI 기반의 스마트관광 시대로 빠르게 진입하고 있다. 관광객과 공급자의 물리적 상호작용이 핵심이었던 전통적인 관광산업은 AI 기술의 도입으로 인해 보다 지능적이고 개인화된 서비스로 전환되며, 새로운 현상들을 만들어내고 있다. 기존의 아날로그 방식으로 수집되던 관광 데이터가 AI가 처리할 수 있는 디지털 데이터로 전환되면서, 관광산업의 비즈니스 프로세스가 혁신적으로 재편되고 있으며, 과거에는 존재하지 않았던 AI 기반 예측 서비스, 맞춤형 추천 시스템, 실시간 수요 관리 등 새로운 활동들이 등장하고 있다. 이러한 변화는 단순한 디지털화 수준을 넘어, AI 기술이 관광산업의 가치사슬 전반을 혁신하는 스마트관광(Smart Tourism)이라는 새로운 패러다임을 만들어가고 있다.

1. AI 기반 관광을 가능케 하는 첨단기술의 등장

AI 기반 스마트관광은 첨단기술로 생성·수집된 방대한 데이터를 인공지능이 분석·활용하여 관광객에게 맞춤형 경험을 제공하고, 관광의 지속가능성과 운영 효율성을 극대화하는 것으로 정의할 수 있다. 스마트관광을 가능하게 하는 핵심 기술로는 빅데이터, AI, 로봇, 사물인터넷(IoT) 등이 주목받고 있으며, 이들 기술은 관광산업 전반의 혁신을 이끌고 있다.

관광 분야는 오랫동안 관광이라는 비즈니스 프로세스에서 발생하는 데이터를 체계적으로 수집하고 활용하기 어려운 한계가 있었다. 그러나 최근에는 관광객의 이동통신 데이터, 내비게이션 데이터, 카드 사용 데이터 등을 AI가 분석함으로써, 관광객의 행동 패턴과 선호를 보다 정밀하게 파악할 수 있게 되었다. 이를 통해 관광객에 대한 이해도가 한층 높아지고 있으며, AI 기반 맞춤형 관광 추천, 실시간 수요 예측, 운영 최적화 같은 새로운 비즈니스 기회가 창출되고 있다.

특히 최근 주목받는 생성형 AI(챗GPT 등)의 활용은 관광산업에 새로운 가능성을 열고 있다. 관광객들은 AI를 통해 관광상품 추천, 실시간 여행 상담, 다국어 번역 서비스 등을 손쉽게 이용할 수 있으며, 이러한 AI 서비스는 로봇 기술과 결합되어 호텔과 공항 등 현장에서 AI 컨시어지 로봇 등으로 이미 실현되고 있다.

2. AI와 스마트폰의 결합

스마트폰과 AI 기술의 결합은 관광 패러다임을 혁신적으로 변화시키고 있다. 관광객들은 여행 계획과 의사결정 과정에서 수많은 변수를 고려해야 하므로, 방대한 정보를 필요로 한다. 과거에는 필요한 정보를 사전에 얻기 어려워 단체관광이 주류를 이루었으나, 스마트폰과 AI 기술의 발전으로 관광객들은 언제 어디서나 방대한 데이터를 검색·활용할 수 있게 되었고, 이에 따라 개별여행(FIT: Free Independent Travel)을 선호하는 흐름이 더욱 뚜렷해졌다.

특히 스마트폰의 보급과 함께 시작된 부킹닷컴(Booking.com), 익스피디아(Expedia)와 같은 온라인 여행사의 성장은 AI 기술과 불가분의 관계에 있다. AI는 사용자 검색 기록과 선호 데이터를 분석하여 맞춤형 여행 상품을 추천하고, 실시간으로 가격과 일정 최적화를 지원하며, 개인화된 여행 경험을 제공한다.

관광객들은 여행 전에는 AI 추천을 통해 여행지를 탐색하고, 여행 중에는 스마트폰으로 실시간 번역, 경로 안내, 관광지 혼잡도 예측 등 다양한 AI 서비스를 활용하며, 여행 후에는 자신의 경험을 인스타그램, 페이스북 등 소셜미디어에 공유한다. 이제 관광의 목적은 단순히 관광지나 식당을 방문하는 데 그치지 않고, AI 기반 철저한 사전 검증과 실제 경험의 공유에 가치를 두고 있다.

AI가 강화된 검색과 추천 서비스의 중요성이 커지면서, 소셜미디어에 등장하지 않는 관광지나 식당은 사실상 관광객들에게 존재하지 않는 곳으로 인식되는 현상이 심화되고 있다. 이처럼 AI와 스마트폰의 결합은 관광산업의 생태계를 근본적으로 변화시키며, 관광객에게 더욱 지능적이고 맞춤화된 스마트관광 경험을 제공하고 있다.

3. '일상이 여행'이 되는 시대, '워케이션'과 디지털 경험의 확장

AI 퍼스트 시대의 도래는 관광의 경계마저 허물며, 일상과 여행의 구분을 흐리게 만들고 있다. 과거에는 일상이 아닌 것을 경험하기 위해 떠나는 것이 관광이었지만, 이제는 일상이 곧 여행이 되는 시대가 열리고 있다. 이와 함께 등장한 개념이 바로 워케이션이다. 코로나19로 인해 재

[그림 1-3] EarthCam Live

택근무가 보편화되면서, 업무를 위해 반드시 집이나 사무실에 머물 필요가 없어졌고, 많은 이들이 여행지에서 일과 여가를 병행하고 있다. 이러한 워케이션의 확산에도 AI와 디지털 기술이 핵심적인 역할을 한다. AI 기반 예약 시스템, 가상 회의 플랫폼, 디지털 협업 도구 덕분에 관광객은 업무를 원활히 수행하면서도 새로운 장소에서의 체류를 즐길 수 있다. 나아가 AI는 워케이션 고객의 데이터를 분석해 최적의 업무 환경과 휴식을 동시에 만족시킬 수 있는 맞춤형 여행 상품을 제안한다.

또한 코로나19 팬데믹은 랜선투어 같은 디지털 여행 경험을 확산시켰다. 과거라면 상상하기 힘들었던 온라인 관광은 AI와 영상 스트리밍 기술의 발달로 한층 정교해지고 있다. 'EarthCam Live'는 뉴욕의 타임스퀘어를 실시간으로 보여주며 77만 명 이상의 구독자를 확보했다. 이처럼 실시간 영상과 AI 해설이 결합한 콘텐츠는 단순한 화면 감상을 넘어 몰입형 여행 경험을 제공하고 있다.

프랑스 관광청 역시 다양한 랜선 여행 콘텐츠를 개발해, 집에서도 여

[그림 1-4] 프랑스 관광청

행의 설렘과 정보를 체험할 수 있도록 하고 있다. AI는 이러한 콘텐츠 제작에서 영상 편집, 다국어 자막 생성, 개인 맞춤형 추천 등 다양한 방식으로 활용되며, 디지털 경험의 품질과 몰입도를 크게 향상시키고 있다. 이처럼 AI는 일상의 공간과 시간을 확장시키며, 여행의 형태를 근본적으로 재정의하고 있다. 워케이션과 랜선투어 모두 AI 퍼스트 시대 스마트관광의 대표적 사례로, 앞으로 관광산업이 어떤 방식으로 진화할지에 대한 중요한 시사점을 던져준다.

4. 메타버스의 등장, 관광의 시간과 공간을 초월하다!

AI 퍼스트 시대의 도래는 메타버스와 결합하며, 관광의 시간적·공간적 한계를 근본적으로 허물고 있다. 관광은 더 이상 물리적 공간에 국한되지 않으며, 디지털 공간 속에서도 현실과 흡사하거나 그 이상의 몰입적 경험을 제공할 수 있게 되었다. 이러한 변화의 중심에는 메타버스가

[그림 1-5] 서울관광재단, 버추얼 MICE 인프라

있다. 최근 메타버스는 관광의 새로운 무대로 주목받고 있다. 서울관광재단은 2020년 UIA 아태총회를 온라인 가상회의 플랫폼에서 성공적으로 개최했으며, 경상북도는 메타버스 수도 경북을 선포하며 가상공간을 활용한 관광 활성화에 나섰다. 이러한 사례는 메타버스가 단순한 기술 트렌드를 넘어, 관광산업의 미래 전략으로 자리 잡고 있음을 보여준다.

현재 메타버스가 관광업에서 어떻게 구체적으로 활용될지는 여전히 연구와 실험이 진행 중이다. 그러나 이미 많은 도시와 기업들이 관광객을 대상으로 가상공간에서 관광지를 사전에 체험하거나 홍보할 수 있는 수단으로 메타버스를 적극 활용하고 있다. 코로나19 팬데믹 기간 동안 메타버스는 온라인 전시회, 가상 컨벤션, 가상 투어 등으로 그 가능성을 입증했으며, 앞으로 그 확장성은 매우 클 것으로 기대된다. 특히 AI는 메타버스 내에서 콘텐츠 제작, 아바타 맞춤화, 실시간 번역, 가상가이드 역할 등을 수행하며 메타버스 관광의 품질과 몰입도를 획기적으로 높이고 있다. AI가 만들어내는 가상 환경의 정교함과, 관광객의 데이터를 기반으로 한 맞춤형 경험은 메타버스 관광을 한층 더 개인화되고 지능적인 스마트관광으로 발전시키고 있다.

디지털화로 촉발된 관광업의 변화가 어디까지 이어질지는 여전히 예측하기 어렵다. 하지만 관광객의 스마트 기술 수용력이 빠르게 높아지고 있는 현재, AI와 메타버스를 중심으로 한 스마트관광으로의 패러다임 전환은 당분간 계속될 것이 확실하다. 관광은 이제 현실과 가상, 물리적 공간과 디지털 공간을 자유롭게 넘나들고 있으며, AI가 이 변화를 실현하는 핵심 열쇠가 되고 있다.

5. AI로 변화하는 관광산업

앞서 이야기했듯이, 메타버스와 같은 디지털 공간의 부상과 함께 AI는 스마트관광의 혁신을 가속화하는 핵심 동력으로 자리 잡고 있다. 관광산업은 이제 단순히 관광지를 소개하고 운영 효율을 높이는 수준을 넘어, AI를 활용해 관광객의 경험을 개인화하고, 새로운 형태의 관광가치를 창출하는 단계로 나아가고 있다. AI 기반 스마트관광은 첫째, 개인 맞춤형 서비스를 통해 관광객의 여정 전반을 혁신한다. AI는 관광객의 검색 기록, 선호도, 소셜미디어 활동 등 방대한 데이터를 분석해 개인의 취향에 맞는 관광지, 숙박, 음식, 체험 활동을 추천한다. 이를 통해 관광객은 보다 만족도 높은 여행을 계획할 수 있으며, 관광 사업자는 보다 정교한 마케팅 전략을 수립할 수 있다. 둘째, AI는 관광 현장의 운영 효율성을 극대화한다. 호텔, 공항, 관광안내센터 등에서는 AI 기반 로봇이 체크인·체크아웃, 길 안내, 다국어 통역, 고객 상담을 수행하고 있다. 이로 인해 인력 부담은 줄어들고, 관광객은 신속하고 정확한 서비스를 경험할 수 있다. 셋째, AI는 관광산업의 위험 관리와 수요 예측에도 크게 기여한다. 빅데이터와 AI 분석을 통해 관광객의 동향, 방문 패턴, 지역별 혼잡도 등을 예측할 수 있어, 관광지의 과밀화 방지와 지속가능한 관광 관리가 가능하다. 특히 팬데믹과 같은 위기 상황에서도 AI는 관광 수요 변화에 신속히 대응할 수 있는 기반을 제공한다. 마지막으로, 생성형 AI의 발전은 관광콘텐츠 생산 방식을 획기적으로 변화시키고 있다. 텍스트, 이미지, 음성, 영상 등 다양한 형태의 콘텐츠가 AI를 통해 손쉽게 제작된다. 관광지 소개 영상, 가상 투어, 인터랙티브 스토리텔링 등 새로운 관광콘텐츠 개발도 활발히 이루어지고 있다.

이처럼 AI는 스마트관광을 한층 지능적이고 몰입도 높은 경험으로 진화시키고 있다. 향후 AI의 발전과 함께 스마트관광은 더욱 고도화될 것이며, 관광객과 관광산업 모두에 새로운 기회와 도전을 동시에 가져올 것이다.

스마트관광 대전환

차별화된 경험을 제공하는 콘텐츠가 경쟁력!

AI 퍼스트 시대에 들어서면서 관광산업은 더 이상 단순히 관광지를 소개하거나 서비스를 판매하는 산업이 아니다. 이제 관광은 '경험 그 자체'를 상품으로 판매하는 산업으로, 관광객이 체감하는 경험의 품질과 독창성이 곧 경쟁력을 결정짓는다. 특히 글로벌 경쟁이 치열해진 오늘날, 관광객들에게 기억에 남을 만큼 독특하고 차별화된 경험을 제공할 수 있는 관광서비스와 관광 목적지만이 생존하고 성장할 수 있다. 이러한 흐름 속에서 관광 분야에서는 경험디자인(Experience Design)이라는 개념이 더욱 주목받고 있다. 과거 경영학 분야에서 주로 논의되던 경험디자인은 이제 관광산업에서도 핵심 화두가 되었으며, AI 기술의 발달로 그 가능성과 적용 범위가 한층 넓어지고 있다. 관광 관련 연구자들은 관광산업을 단순히 물리적 서비스 제공의 영역이 아니라, 디지털 기술과 창의적 콘텐츠를 결합해 관광객의 감정과 몰입, 의미와 가치를 설계하는 '경험 제공 시스템'으로 바라보고 있다. AI는 이 경험디자인의 핵심 도구로 떠오르고 있다. 방대한 데이터를 기반으로 관광객의 선호, 감정, 행동 패턴을 분석하여 개인별로 최적화된 관광콘텐츠와 서비스를 설계할 수 있기 때문이다. 이제 관광산업의 경쟁력은 AI를 어떻게 활용해 독창적이고 차별화된 관광경험을 창출하느냐에 달려 있다. 따라서 AI 퍼스트 시대의 스마트관광은 단순한 기술적 혁신을 넘어, 관광객 개개인의 삶의 이야기와 감정에 깊이 스며드는 차별화된 콘텐츠 개발로 나아가고 있다. 앞으로 관광산업에서의 승부처는 바로 이 AI 기반의 경험 혁신에 달려 있다고 해도 과언이 아니다.

1. 스마트관광 경험디자인의 중요성

스마트관광 경험디자인은 단순히 기술을 적용하는 것을 넘어, 관광객의 욕구와 감정, 행동을 AI가 정밀하게 분석하고 예측하여 맞춤형 경험을 창조하는 데 초점을 맞춘다. 과거에는 모바일 앱, 인터넷, 가상현실(VR), 증강현실(AR) 등의 스마트기술을 통해 관광객이 스스로 정보를 탐색하고 여행을 계획하는 데 도움을 주는 수준이었다. 하지만 이제는 AI가 주도적으로 데이터를 해석하고 관광객이 원하는 정보를 선제적으로 제공하거나 개인 맞춤형 서비스를 설계한다는 점에서 본질적으로 차별화된다.

예컨대, AI는 관광객의 검색 기록, 소셜미디어 활동, 여행 이력, 실시간 위치 정보를 분석하여 취향과 관심사에 꼭 맞는 여행지 추천, 최적의 이동 경로, 맞춤형 일정을 제안한다. 또한, 가상현실이나 메타버스 공간에서도 AI가 실시간 가이드 역할을 하여 몰입감을 높이고, 자연어처리 기반 AI 서비스가 다국어 통역과 문화 해설을 동시에 제공함으로써 관광의 편의성과 깊이를 크게 향상시킨다.

AI 기반 스마트관광 경험디자인은 단순히 여행 전의 정보 탐색에 그치지 않는다. 여행 중에는 상황에 맞춘 실시간 솔루션을 제공하고, 여행

후에는 AI가 분석한 관광객의 피드백과 데이터를 활용하여 더욱 정교한 서비스 개선과 재방문 유도를 가능하게 한다.

하지만 여전히 해결해야 할 과제도 존재한다. 스마트관광에서 제공되는 콘텐츠의 폭이 워낙 다양하고, AI의 개인화 서비스가 모든 관광객에게 똑같이 매력적으로 다가가지 않는다는 점 때문이다. AI는 강력한 도구이지만, 모든 관광객의 욕구와 문화를 완벽히 이해하기 위해서는 더욱 세밀하고 섬세한 경험디자인이 필요하다. AI 퍼스트 시대의 스마트관광 경험디자인의 성공 여부는 결국 기술 자체보다, 이를 어떻게 관광객의 감정과 스토리, 문화적 맥락에 맞게 녹여내느냐에 달려 있다.

2. AI가 견인하는 스마트관광 경험과 다채로운 스마트관광콘텐츠의 등장

AI 퍼스트 시대에 스마트관광 경험의 중심에는 바로 '스마트관광콘텐츠'가 있다. 관광산업은 이제 단순히 여행지 정보를 전달하는 차원을 넘어, AI가 분석한 데이터를 토대로 관광객 개개인의 취향과 욕구에 맞춤형 콘텐츠를 설계하고 제공하는 산업으로 진화하고 있다. 4차산업혁명의 핵심 기술인 AI, 빅데이터, VR, AR은 시간과 공간의 제약을 넘어 관광객에게 새로운 경험의 기회를 제공한다. 콘텐츠는 단순한 정보가 아니라, 관광객이 몰입하고 감동을 느끼도록 하는 '경험의 핵심 자산'으로 자리 잡았다. AI는 이러한 콘텐츠를 더욱 정교하고 개인화된 형태로 만들어, 관광객의 만족도와 몰입도를 극대화하고 있다. 예컨대, AI는 관광객의 검색 이력, 소셜미디어 활동, 위치 정보 등을 분석해 역사적 명소에 대한 가상 투어(VR) 콘텐츠, 취향 기반 맛집 추천, 개인 관심사에 맞춘 테마 여행 코스 등을 제안할 수 있다. 최근에는 AI가 생성형 기술을 활용해 실시간 해설 콘텐츠, 개인 맞춤형 영상, 다국어 번역 스토리텔링 등을 자동으로 만들어내며, 스마트관광의 가능성을 한층 넓히고 있다.

스마트관광콘텐츠는 관광객에게 단순한 정보 제공을 넘어 감정적·문화적 만족감을 선사하는 것이 중요하다. 파인(Pine)과 길모어(Gilmore)가 제시한 '체험경제학'에서처럼, 스마트관광 경험은 현실도피적(Escape), 심미적(Esthetic), 교육적(Education), 오락적(Entertainment)이라는 네 가지 요소를 모두 포괄해야 한다. AI는 이 네 가지 요소를 정교하게 결합해, 각 관광객에게 맞는 고유하고 차별화된 경험을 설계한다. 결국 AI 퍼스트 시대의 스마트관광콘텐츠의 핵심은, 기술을 어떻게 활용해 관광객의 기억에 남을 특별한 경험을 창조하느냐에 달려 있다. AI는 기술 자체로 끝나는 것이 아니라, 관광객의 감정과 몰입, 의미와 가치를 창출하는 스마트관광 경험의 '디자이너'로서 그 역할을 더욱 확대하고 있다.

3. 스마트관광 경험디자인은 스마트관광콘텐츠의 유형 분류로부터

'스마트관광콘텐츠'는 관광객의 경험 증대와 거주민의 삶의 질 향상을 목적으로 도시 단위에서 디지털 기술과 융합되어 제공되는 콘텐츠로, 물리적 또는 가상적 환경에서 사용자와 상호작용이 발생하는 콘텐츠로 정의할 수 있다. 최근에 관광객들이 경험하는 스마트관광콘텐츠는 상호작용의 수준(상호작용의 높고 낮음의 여부)과 경험의 장소(온라인 오프라인 여부)에 따라 정보제공형, 경험확산형, 기능중심형, 경험증대형으로 구분할 수 있다.

이러한 두 축에 따라 스마트관광콘텐츠를 배치시키면 다양한 콘텐츠들이 유형별로 분류되어 각각이 지향하는 바를 명확히 알 수 있다. 즉, 관광객에게 제공하고자 하는 스마트관광 경험이 정보를 제공하는 것인지, 새로운 경험을 제공하는 것인지, 기능적인 혜택을 제공하는 것인지

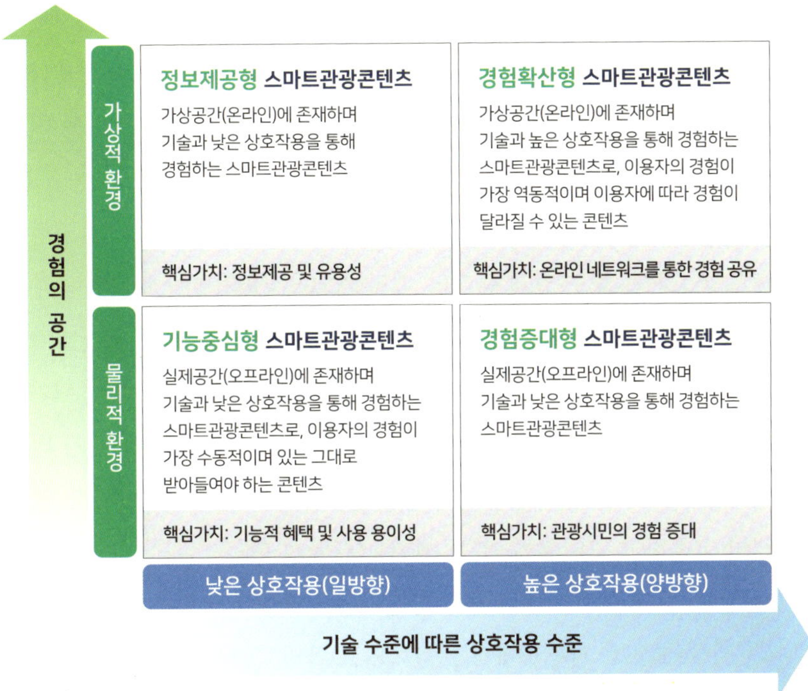

[그림 1-6] 스마트관광콘텐츠의 분류 프레임워크

[출처] 서울관광재단, 〈서울 스마트관광콘텐츠 활용방안 연구〉, 2021.

등에 따라서 선택해야 하는 스마트관광콘텐츠가 다르다는 것이다.

4. 차별화된 관광경험, AI 기반 스마트관광콘텐츠 설계가 관건

최근 많은 지자체가 차별화를 위해 다양한 스마트관광콘텐츠를 경쟁적으로 도입하고 있다. 하지만 명확한 목표와 전략 없이 만들어진 가상현실 서비스나 단순 정보 제공앱은 관광객의 관심을 끌지 못하고 결국 예산만 소모되는 사례가 적지 않다. AI가 중요한 이유는 바로 이 지점에서 드러난다. AI는 데이터를 기반으로 무엇이 관광객에게 진정으로 매력적인 경험이 될지를 분석하고 예측할 수 있는 강력한 도구다. 지자체가 차별화된 관광경험을 설계하려면 먼저 AI를 활용해 관광객의 선호와 기대, 감정, 행동 패턴을 면밀히 파악하고, 그 결과에 따라 콘텐츠를 기획해야 한다.

예컨대, AI 분석을 통해 어떤 지역관광객이 역사적 이야기와 몰입형 체험을 선호하는 것을 알게 된다면, 해당 지역은 VR 기반 스토리텔링 투어나 AR 해설 콘텐츠를 개발하는 것이 효과적일 수 있다. 반대로 맛집 탐방이나 트렌디한 경험을 중시하는 관광객이 많은 지역이라면, AI가 추천하는 맛집과 핫플레이스 정보를 실시간으로 제공하는 콘텐츠가 더 적합하다. 스마트관광 경험디자인은 결국 '기술을 쓰는 것'이 아니라 '관광객이 감동하고 기억할 수 있는 체험을 어떻게 만들어낼 것인가'에 관한 문제다. AI 퍼스트 시대의 관광 경쟁력은 단순한 기술 보유 여부가 아니라, AI를 활용해 관광객에게 차별화되고 몰입적인 경험을 어떻게 설계하고 전달하느냐에 달려 있음을 명심해야 한다.

스마트관광의 패러다임은 이제 단순한 기술 도입을 넘어 AI 중심의 지능형 서비스로 전환되고 있다. AI는 방대한 데이터를 실시간으로 분석해 관광객의 취향과 상황에 맞춘 맞춤형 서비스를 제공하고, 관광산업의 운영 효율을 극대화하며, 관광지의 지속가능한 관리를 가능하게 한다. 나아가 메타버스, 생성형 AI, 워케이션 등 새로운 기술과 라이프스타일의 변화는 관광의 공간적·시간적 한계를 허물고, 관광 자체의 개념을 재정의하고 있다. 관광객은 더 이상 수동적인 소비자가 아니라, AI와 함께 여행을 설계하고 경험을 공유하며 스스로 콘텐츠를 창출하는 주체가 되고 있다. 결국 AI 퍼스트 시대의 스마트관광은 기술 혁신뿐 아니라 관광객의 가치와 경험을 중심으로 재편되고 있으며, 이는 관광산업의 경쟁력을 좌우하는 핵심 요소가 될 것이다. 앞으로의 과제는 이러한 첨단기술을 어떻게 효과적으로 결합하고, 차별화된 관광경험으로 구체화하느냐에 달려 있다. AI 퍼스트 시대의 스마트관광은 기술, 사람, 그리고 경험이 유기적으로 연결되는 새로운 여정임을 기억해야 한다.

PART 2.

콘텐츠 유통의 핵심인 스마트관광플랫폼

스마트관광은 단순한 기술 도입을 넘어, 콘텐츠가 연결되고 확산되는 플랫폼 구조의 형성에 있다. 관광객이 체험하는 정보, 서비스, 예약, 공유 등의 모든 과정은 이제 플랫폼을 중심으로 유통되고 있다. 본 장에서는 스마트관광플랫폼이 어떻게 관광 콘텐츠의 흐름을 주도하고, 새로운 생태계를 만들어가고 있는지를 살펴보고자 한다.

스마트관광 대전환

스마트관광플랫폼이란?

코로나19 이후 관광 분야에서의 디지털 전환은 더욱 가속화되고 있으며, 한국관광공사의 〈여행업의 넥스트 레벨〉 보고서에 따르면 글로벌 관광산업 내 온라인 플랫폼의 비중은 2021년 66퍼센트에서 2025년에는 72퍼센트까지 확대될 것으로 예측되고 있다. 이 가운데 특히 온라인 여행예약 플랫폼 시장 성장 규모는 2027년에는 2020년 대비 89.8퍼센트가 될 것으로 보인다. 스마트관광의 5대 요소 중 하나인 '스마트관광플랫폼'은 스마트관광 도시 내에서 다양한 서비스를 등록하고 이용할 뿐만 아니라, 이 과정을 통해 생성되는 데이터를 수집하고 공유하며, 스마트관광콘텐츠를 효율적으로 유통하는 핵심 채널로서의 역할을 수행한다. 이를 통해 관광객에게 맞춤형 정보와 서비스를 제공하고, 관광산업 전반의 혁신과 경쟁력 강화에 기여하고 있다.

1. 플랫폼과 스마트관광플랫폼

플랫폼은 '구획된 땅'을 의미하는 'plat'과 '형태'를 의미하는 'form'의 합성어로, 용도에 따라 다양한 형태로 활용될 수 있는 상징적인 공간

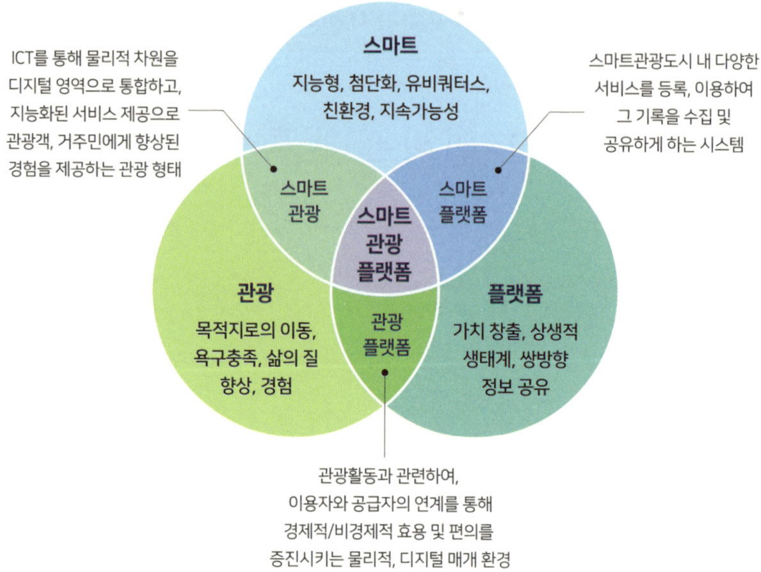

[그림 2-1] 스마트관광플랫폼의 개념

[출처] 서울관광재단

을 의미한다. 이 용어는 여러 분야에서 다양한 의미로 확장·진화되어왔다. 4차산업혁명 시대, 디지털플랫폼 비즈니스는 기존에 분리된 주체들 간의 연결과 공유를 통해, 새로운 가치 창출을 가능하게 하는 특징이 있다. 스마트관광플랫폼은 오프라인을 기반으로 하는 관광안내소도 고려할 수 있겠지만 통상 정보기술 및 인터넷 기술을 이용하여 관광지와 관광기업, 관광객을 지원하고 발전시키는 온라인 중심의 디지털플랫폼을 의미한다. 경희대학교 스마트관광연구소와 서울관광재단의 공동연구에 의하면 스마트관광플랫폼은 '관광객 및 거주민의 경험을 극대화하고, 관광활동과 관련한 경제적, 비경제적 가치 창출을 가능하게 하는 매개체'라는 광의적인 관점과 'ICT에 기반하여, 물리적 차원을 디지털 영역

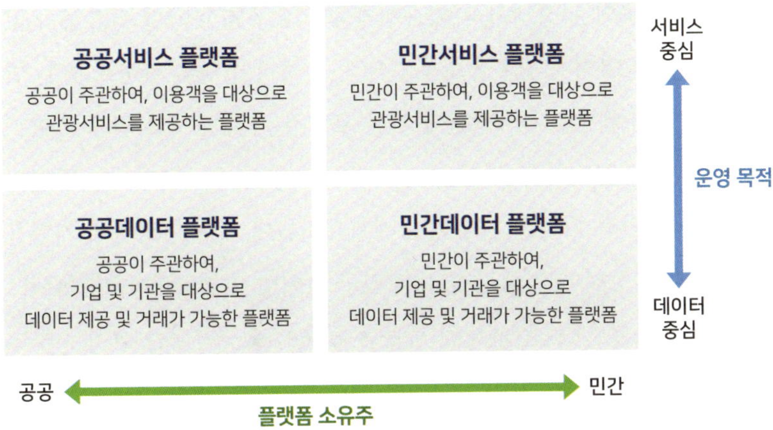

[그림 2-2] 스마트관광플랫폼의 유형화

[출처] 서울관광재단

으로 통합하고 관광 목적지 내 다양한 관광서비스 이용과 이해관계자(공급자, 관광객, 거주민) 간 상호작용을 가능하게 하는 매개체' 라는 협의적인 관점으로 나누어 생각해 볼 수 있다.

2. 스마트관광플랫폼의 유형

스마트관광플랫폼은 플랫폼 소유주가 공공인지 민간인지, 운영 목적이 데이터 중심인지 서비스 중심인지에 따라서 크게 공공데이터 플랫폼, 공공서비스 플랫폼, 민간데이터 플랫폼, 민간서비스 플랫폼의 4가지 유형으로 나누어진다.

이러한 스마트관광플랫폼의 유형화가 필요한 이유는 각각의 플랫폼의 역할을 명확히 함으로써 공공이 민간 영역과 차별화된 서비스를 제공할 수 있기 때문이다. 이러한 측면에서 공공 영역의 플랫폼은 민간 영역보다 다각도의 관점에서 이해관계자들의 요구를 파악할 필요성이 있다. 또한 민간 영역에서는 플랫폼 운영의 주목적이 수익 창출에 있는 반면, 공공 영역에서는 지역관광에 대한 보편적 가치 추구와 함께 스마트관광콘텐츠의 공정하고 폭넓은 유통이 중요하게 요구된다. 즉, 공공이 추구하는 공익적 가치는 다양한 이해관계자들에 대한 형평성에 기반을 두어야 하며, 동시에 이해관계자 간 접근 용이성이 높고, 누구나 콘텐츠를 생산·활용할 수 있는 개방적 플랫폼 구축이 요구된다는 점에서 차별성이 있다.

3. 스마트관광플랫폼 어디까지 왔나

국내 공공부문의 스마트관광플랫폼은 인천시의 '인천e지'와 수원시의 '터치수원'이 대표적이다. '인천e지'는 스마트관광여행 앱으로 여행자의 취향을 분석하여 개별화된 인천 관광코스를 제공한다. 개인이 원하는 코스 및 관광지를 선택하여 개별 여행코스를 직접 만들 수 있고, 교통 예약 및 결제 서비스 기능을 활용하여 향상된 관광경험을 가능하게 한다. 비대면 경제 활성화, 빠르게 변화하는 소비 트렌드에 맞추어 인천e지는 인천 관광지 일대에 AR·VR 기술과 같은 다양한 기술 및 콘텐츠를 적용하여 온라인-오프라인의 연계를 가능하게 하는 플랫폼으로 자리매김하고 있다.

제2의 스마트관광도시로 선정된 수원시의 스마트관광 앱 '터치수원'은 다양한 기술이 접목된 수원의 관광정보를 제공하여 스마트관광도시 사업의 고도화를 목표로 하고 있다. 터치수원을 이용하면 수원화성 관광특구를 중심으로 다양한 관광체험 및 편의 서비스를 예약 및 구매가 가능하며, 수원화성을 실감 기술로 체험할 수 있다. 대표적인 스마트관

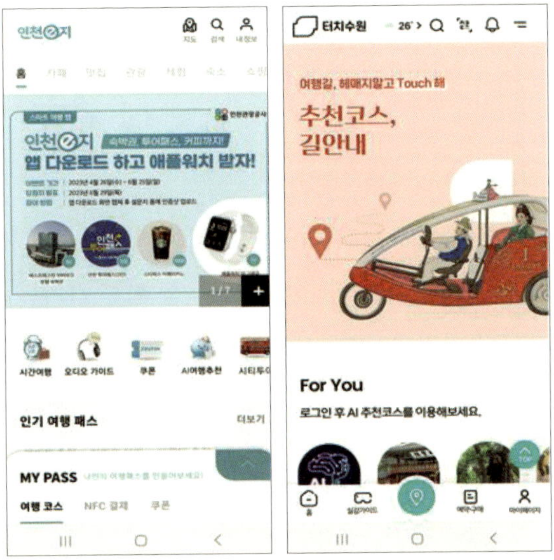

[그림 2-3] 인천e지(왼쪽)와 터치수원(오른쪽)

광콘텐츠의 예인 정조대왕 능행차 을묘원행을 소재로 개발한 'XR버스 1795행'은 혼합실감체험 미디어버스이다. 이를 통해서 풍부한 여행 경험을 전달하고, 수어 서비스, 문화관광 해설사 등의 기능으로 유니버설 관광 확대에 노력하고 있다. 해외 민간부문의 서비스로 글로벌 여행 및 레저 예약 플랫폼인 홍콩의 '클룩(Klook)'은 민간 기업 클룩트래블테크놀로지가 운영하고 있다. 2014년 런칭 이후, 코로나19를 거치며 매출이 2019년 대비 4배 이상 성장하였다. 국가별 다양하고 다각화된 관광상품을 제공함으로써 이용자들의 편의를 증대하며, 관광객의 여행 성향 테스트를 통하여 맞춤형 상품을 추천한다. 관광체험 상품, 숙소, 교통수단, 차량 서비스로 사업 영역을 넓혀 클룩 사용만으로 관광활동이 가능하게 한다. 이용자들의 후기와 별점을 활용하여 경험 후기 공유를 장려하며 이를 바탕으로 이용자 인기 투어 및 액티비티 순위를 제공하여 체험 활동을 홍보한다.

4. 스마트관광플랫폼이 발전하려면

국내외를 살펴보면 스마트관광플랫폼의 운영 방향은 크게 세 가지로 정리할 수 있다. 첫째, 관광객과 거주민 모두를 위한 가치 추구, 둘째, 이용자의 경제적 및 비경제적 편의와 다양한 욕구 충족을 추구, 셋째, 민간 기업의 수익 창출 및 이를 통한 지역 경제 활성화 추구이다. 국내에서는 민간부문의 스마트관광플랫폼이 주축이 되어 많은 사용자를 바탕으로 다양한 비즈니스를 전개하고 있으며, 스마트관광콘텐츠의 기획·생산·유통에서도 민간의 역할이 크게 나타나고 있다. 그러나 국내에 처음 방문한 외국인들이나 관광 소외계층 등 다양한 관광객들의 범용적 요구를 충족시키기 위해서는 공공부문의 스마트관광플랫폼의 성장이 필수적이다. 특히 관광산업이 데이터 기반으로 더 고도화·산업화되기 위해서는 스마트관광플랫폼이 관광객의 다양한 데이터를 수집하고 이를 분석하여 다시 서비스를 창출하고, 그 데이터를 바탕으로 콘텐츠를 개발·유통할 수 있는 역량을 갖추어야 한다. 스마트관광플랫폼은 단순한 기술적 수단이 아니다. 현재는 스마트관광콘텐츠 유통의 핵심 인프라로서 그 역할이 더 중요해지고 있으며, 이것은 시작에 불과하다.

스마트관광 대전환

국내 스마트관광플랫폼 사례

국내 스마트관광플랫폼을 살펴보면 민간부문이 주축이 되어 다양한 비즈니스를 추구하고 있다. 그러나, 국내에 처음 방문한 외국인들이나 관광 소외계층 등 다양한 관광객들의 범용적인 요구를 충족시키려면 공공부문의 관광플랫폼이 매우 중요하다. 국내 공공부문의 관광서비스와 관광데이터 플랫폼 사례를 통해 현황을 살펴보기로 한다.

1. 국내 스마트관광서비스플랫폼(서울) 사례

서울 스마트관광서비스플랫폼은 주로 방한 외래 관광객, 서울 시민 및 국내 관광객들이 사용하며 주로 관광정보 제공을 주목적으로 운영되고 있다. 서울의 대표적인 공공 스마트관광서비스플랫폼으로는 서울관광재단에서 운영 중인 비짓서울, 원모어트립, 다누림, 디스커버서울패스, 서울컨벤션뷰로, 팸투어, 서울의료관광, 서울스테이, 서울페스타 등 9개에 이른다. 대표적인 서울 스마트관광서비스플랫폼의 주요 특징을 살펴보자.

먼저 '비짓서울'은 서울의 지역별로 구성된 관광정보, 다양한 관광경

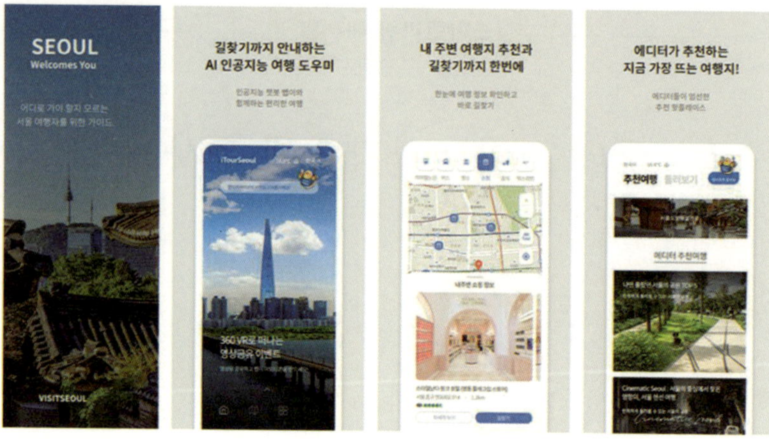

[그림 2-4] 비짓서울

험 콘텐츠, 서울의 행사 및 전시정보 등을 주로 제공한다. 트립어드바이저와의 연계로 지역식당, 명소, 관광지의 리뷰와 평점을 제공한다.

'원모어트립'은 웹과 소셜미디어를 통해 서울의 다양한 체험관광 상품 및 영상콘텐츠를 한 곳에서 쉽게 찾아보고 구매할 수 있도록 정보를 제공한다. 원모어트립은 '체험관광'에 초점을 두고 운영되는 체험관광 플랫폼으로 총 4개의 언어를 지원한다. '다누림' 서비스는 "서울을 찾는 누구나 접근하기 쉬운 관광환경을 조성하여, 모두가 즐길 수 있는 관광도시 서울"이라는 슬로건 아래 설립된 서울시 종합관광 플랫폼이다. 주로 관광 약자 유형별 관광정보, 편의시설 정보 등을 제공하고 있으며 관광 약자를 위한 무장애 관광서비스(관광코스, 다누림 투어 예약 등) 등을 제공하고 있다는 특징이 있다. 또한 세계적인 관광환경 조성을 위한 여행용 보조기기(휠체어 등), 버스, 미니밴 등을 대여해 주는 사업을 하고 있다. 한편, '디스커버서울패스'는 서울시 최초의 자유이용권형 관광패스를 판매하

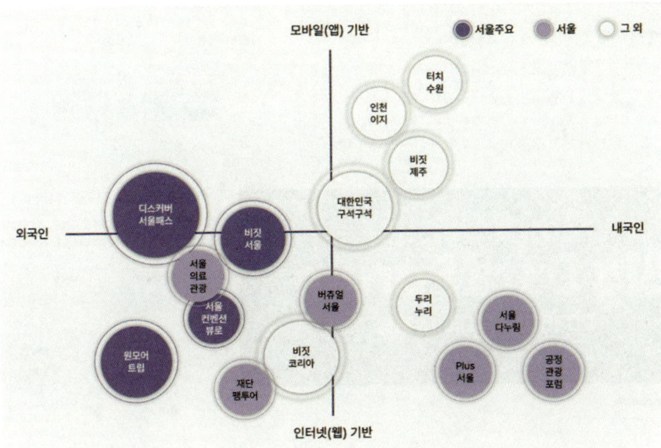

[그림 2-5] 서울 스마트관광서비스플랫폼의 유형에 따른 포지셔닝

[출처] 서울관광재단

는 플랫폼이다. 서울 시내 주요 관광지 무료입장 및 할인, 대중교통 기능 등의 혜택을 담고 있는 일종의 티켓으로, 해당 웹사이트에서는 실물 카드형 패스와 모바일 패스를 관광객에게 판매하고, 혜택이 연계되는 관광지 및 교통, 쇼핑, 공연 등에 대한 정보를 중점적으로 제공한다. 서울시가 제공하는 스마트관광서비스플랫폼의 유형을 플랫폼의 주요 타겟층과 서비스 제공 기반으로 구분하여 살펴보면 [그림 2-5]와 같이 범용적인 요구를 갖는 관광객을 타겟으로 하고, 웹 기반이며, 주로 스마트관광콘텐츠 제공에 중점을 두고 있음을 알 수 있다.

2. 국내 스마트관광데이터플랫폼(서울) 사례

서울 스마트관광데이터플랫폼은 주로 스타트업, 공공기관, 산업계, 학계, 연구원, 미디어 등이 사용하고 있으며, 데이터를 활용하여 새로운 관광서비스를 만들 수 있도록 제공하는 목표를 갖고 있다. 서울시가 운

[그림 2-6] 서울 열린데이터 광장

영하는 '서울 열린데이터 광장', 서울관광재단이 운영하는 '서울관광 아카이브'가 대표적이다. 서울시는 2015년 '열린시정 3.0' 프로젝트의 일환으로 공공정보를 민간에 공개하여 행정업무의 공익성과 효율성을 높이는 목적으로 서울 열린데이터 광장을 구축하였다. 열린데이터 광장 내 보유 데이터는 보건, 일반행정, 문화·관광, 산업·경제, 복지, 환경, 교통, 도시관리, 교육, 안전, 인구·가구, 주택·건설 등 12가지의 분류가 있으며, 총 21,000여 건의 서울시 및 자치구, 그 산하 기구의 데이터를 제공하고 있다. 특히 문화·관광 카테고리와 관련하여 관계 기관과의 연계를 통하여 각종 서울 문화 및 관광데이터를 지원하고 있으며, 데이터가 불충분할 경우, 데이터 수요창구를 통하여 사용자들의 의견을 수용하고 있다.

한편, '서울관광 아카이브'는 주로 서울관광재단에서 제작한 다양한 성과물 외 전문작가의 사진 자료 및 영상 자료 등을 보관하고 있다. 쇼핑·시장, 음식, 자연풍경, 역사·문화, 패션·미용, 스포츠·레저 등 총 19여 개의 카테고리로 분류되어 있으며, 각 콘텐츠 자료는 지역별, 종류별, 성격별로 검색이나 콘텐츠마다 부여된 태그 검색으로 내용을 확인할 수 있다. 이미지, 영상 등 시각 자료의 디지털화와 서울관광 변천사 자료의 축적이라는 점에서 서울관광 아카이브는 장기적인 미래 가치를 추구하고 있는 시각 콘텐츠 특화 서울 스마트관광데이터플랫폼이다. 하지만, 방대한 데이터에서 사용자들이 원하는 서비스에 맞는 것을 쉽게 찾기가 어렵다는 평을 듣기도 한다.

국외 스마트관광플랫폼 사례

국내뿐만 아니라 국외에서도 스마트관광플랫폼의 다양한 사례를 찾아볼 수 있다. 이 플랫폼들은 관광객에게 맞춤형 정보와 편리한 서비스를 제공하며, 지역관광 활성화와 지속가능한 관광 발전에도 크게 기여하고 있다. 특히 해외에서는 첨단기술을 활용해 관광경험을 혁신하려는 움직임이 활발하다. 다양한 국외 사례를 통해 국외 스마트관광플랫폼의 유형을 살펴보기로 한다.

1. 국외 스마트관광서비스플랫폼 사례

국외 사례로는 암스테르담 비콘 마일 리빙랩, 익스피어리언스 마카오(Experience Macau)를 소개하고자 한다. 먼저, 암스테르담은 2009년부터 시민 참여를 위주로 정부, 민간 기업과 연구소들이 도시문제에 대한 해결책과 아이디어를 공유하는 시민 참여형의 오픈 플랫폼 '암스테르담 스마트 시티(Amsterdam Smart City)'를 구현하였다. 시민들 누구나 아이디어를 공유하여 '좋아요'를 100개 이상 받는 아이디어를 골라서 지자체가 실행 여부를 공식적으로 논의하고 수행하였다. 시민들의 편리성과 실용

[그림 2-7] 암스테르담 비콘 마일

성이 최우선이라는 슬로건 아래 디지털시티, 에너지, 이동성, 순환 도시, 거버넌스와 교육, 시민과 생화 등 총 6개의 대분류에서 400개 이상의 프로젝트를 수행하였다. 그중에서 가장 성공적인 플랫폼이 세계 최초로 스마트폰 근거리 통신기술인 비콘(Beacon)을 실생활에 활용하여 만든 '비콘 마일(Beacon Mile)'이라는 리빙랩이다. 암스테르담 중앙역에서부터 마린터레인(총 3.4km)까지 비콘을 설치하면서 시민들이 위치 정보, 식당 메뉴와 가격 정보, 할인쿠폰 또는 모바일 결제 등 도시의 각종 정보를 전송받을 수 있어 지역 주민뿐만 아니라 관광객들에게도 큰 도움이 된다.

한편, 2019년부터 마카오 관광청 주도로 개발한 '익스피어리언스 마카오(Experience Macau)' 플랫폼은 관광정보, 도보 투어 코스, 이벤트 일정, 내비게이션, 오프라인 데이터, 쇼핑 및 개인 여행 노트 같은 다양한 콘텐츠 기능을 제공하면서 관광객들의 편의를 극대화하고 있다.

2. 국외 스마트관광데이터플랫폼 사례

국외 사례로는 싱가포르 Tourism Information & Services Hub(TIH), 영국 London Data Store, 핀란드 Helsinki Region Infoshare(HRI) 등을 소개하고자 한다. 먼저, 싱가포르 여행 정보 및 서비스 허브(Tourism Information and Services Hubs)는 소규모 관광 사업자들의 비즈니스를 돕는 원스톱 디지털 리소스 플랫폼으로 싱가포르 관광청에서 구축하였다. TIH 플랫폼은 협력, 공동 창조 및 혁신을 목표로 삼아 더 좋은 싱가포르 관광산업을 구축하고 민간의 새로운 서비스와 가치를 창출하기 위해 데이터를 제공하고 있다. 실시간으로 제공된 정보는 다른 모든 TIH 연결 관광 관련 웹사이트 및 모바일 응용 프로그램에서 자동으로 업데이트할 수 있도록 API(Application Program Interface)를 통하여 제공된다.

영국 London Data Store는 2010년부터 런던시청(The Greater London Authority)이 구축한 오픈 데이터 공공서비스 플랫폼으로 시민, 기업 등 민간에 각종 데이터를 무료 개방하고 제공하는 시스템이다. 700여 개 공공 데이터 세트가 갖춰져 일자리, 경제, 관광, 교통, 환경, 안전, 주택, 건강 등 8개 큰 카테고리의 데이터를 제공하고 있다. 이 오픈 데이터 플랫폼을 무료로 활용하여 이미 400여 개의 앱이 성공적으로 창출되었다. 핀란드 Helsinki Region Infoshare(HRI)는 모든 시민이 빠르고 쉽게 지역 정보를 활용할 수 있는 것을 목표로 삼아 2011년부터 헬싱키 도시에서 계

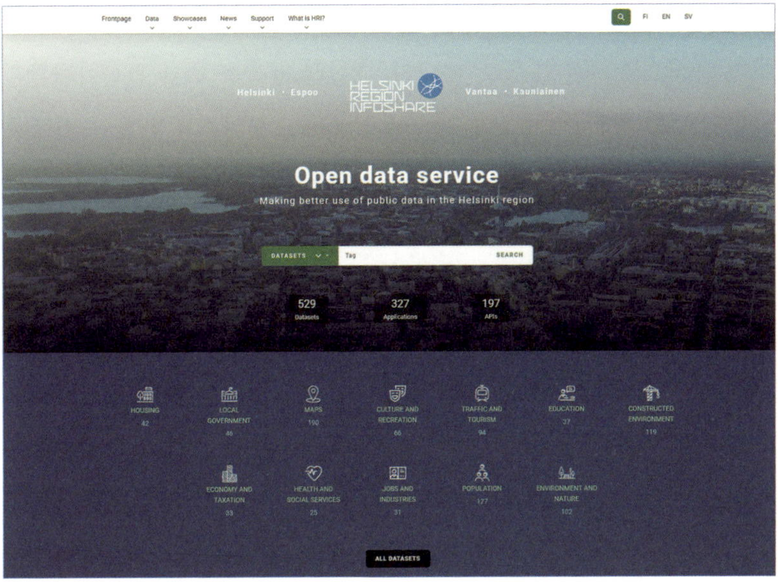

[그림 2-8] 핀란드의 오픈 데이터 서비스, Helsinki Region Infoshare

획, 생산 및 의사결정 과정에 활용되는 대량의 데이터를 지속적으로 수집하고 생산하여 오픈 소스로 대량의 데이터를 공개할 수 있도록 만든 플랫폼이다. 주택, 건설, 지도, 문화 및 레크레이션, 행정, 교통 및 관광, 경제 및 세금, 환경 및 자연, 건강 및 복지, 일자리, 인구, 교육 등 12개의 큰 카테고리의 데이터를 554 데이터세트와 176의 API를 통해 데이터를 쉽고 빠르게 찾을 수 있는 환경을 제공하고 있다.

이와 같이 국내외 공공부문 스마트관광플랫폼을 살펴보면 해외의 경우에는 서비스 기능과 데이터 영역이 유기적으로 연계되어 있다는 특징을 발견할 수 있다. 데이터를 공급하는 공공과 기업과 같은 데이터 소비자가 활발한 의사소통을 통해 수요-공급의 균형을 맞춰가고 있다는 것이다. 국내 스마트관광플랫폼도 생태계적인 관점에서 서비스 중심, 데이터 중심으로 구분할 것이 아니라, 데이터 생산을 넘어 관광이해관계자라면 누구나 효율적으로 데이터를 활용하고 서비스를 만들 수 있도록 시스템과 제도를 구축할 필요가 있다. 이런 노력이 있어야 스마트관광플랫폼이 단순한 서비스나 데이터의 제공이 아닌 진정한 스마트관광 생태계를 구축하기 위한 핵심이 될 수 있다. 나아가 스마트관광플랫폼은 단순히 데이터를 연결·관리하는 역할에 그치지 않고, 다양한 스마트관광콘텐츠를 효과적으로 유통시키는 핵심 채널로서의 기능을 수행해야 한다. 콘텐츠 생산자와 소비자가 플랫폼을 통해 실시간으로 연결되면서 맞춤형 콘텐츠 제공이 가능해지고, 이는 관광산업의 경쟁력과 혁신을 가속화한다. 따라서 스마트관광플랫폼은 스마트관광콘텐츠의 생산, 유통, 소비를 하나로 잇는 생태계의 중심축이자 필수 인프라라고 할 수 있다.

PART 3.

디지털 전환이 이끄는 지속가능한 스마트관광도시

스마트관광도시는 기술을 도입한 도시를 넘어 지속가능성과 디지털 전환이 결합된 미래형 관광공간으로 진화하고 있다. 에너지 절감, 혼잡 관리, 환경 보호, 주민 참여 등 다양한 요소들이 스마트기술과 연계되어 관광의 질적 성장을 이끌고 있다. 본 장에서는 디지털 전환이 어떻게 도시의 지속가능성을 강화하며, 스마트관광도시의 모델을 형성해 나가는지를 살펴본다.

스마트관광도시란?

최근 몇 년간 빅데이터, 인공지능, 로봇 등 스마트기술이 빠르게 발전하면서 '스마트도시(Smart City)'를 실현하는 기술적 가능성이 매우 높아졌다. 스마트도시는 정보통신기술을 통해 도시에 거주하는 주민들의 편의성과 효율성을 향상시키는 개념으로 교통, 환경, 보안, 교육, 건강, 문화 등 다양한 분야에서 적용 가능하다. 한국에서는 국토교통부가 주체가 되어 국가시범도시인 부산 에코델타 스마트도시 사업을 추진하고 있다. 2016년 미국에서 진행한 '챌린지 사업'에 착안하여 최근에는 '스마트챌린지' 사업이 각광을 받고 있는데 기업 · 대학 등의 아이디어를 활용하여 기존 도시의 다양한 문제를 해결하고, 스마트화를 촉진한다. 혁신적이고 효과성 높은 서비스를 발굴하고, 실증하며, 확산하는 사업이다.

'스마트관광도시'를 구축하기 위해서는 스마트도시와 스마트관광, 스마트관광도시의 차이점을 먼저 이해할 필요가 있다. 기본적으로 스마트도시는 거주민의 관점에서 추진되며, 스마트관광은 관광객의 관점을 강조하는 반면 스마트관광도시는 거주민과 해당 도시에 방문하는 내외국인 관광객을 함께 고려한 관점으로 추진된다. 특히, 스마트관광도시는

항목	스마트도시	스마트관광	스마트관광도시
대상	거주민	관광객	거주민 + 관광객
대상 규모	시군구 이상의 도시	관광자원이 있는 특정 지역	모든 규모를 포함
목표	• 거주민의 삶의 질 향상 • 도시운영의 효율성 개선	• 관광객의 관광 만족도 향상 • 관광지 문제 해결	• 거주민의 삶의 질 향상 • 관광객의 관광 만족도 향상 • 관광지 문제 해결 • 도시운영의 효율성 개선 • 관광도시 성장동력 제고
특화 서비스	• 스마트 교통 · 생활 • 스마트 환경 · 안전 등	• 스마트관광플랫폼 • 스마트 여행 경험 • 스마트모빌리티	• 스마트관광플랫폼 • 스마트모빌리티 • 스마트 안전 · 환경 • 스마트 편의시설 • 스마트 여행 경험 등

[그림 2-9] 스마트도시, 스마트관광, 스마트관광도시의 비교

[출처] 경희대학교 스마트관광연구소

도시와 관광지의 문제를 함께 해결함으로써 도시 거주민의 삶의 질과 관광객의 관광 만족도를 높이는 데 목표가 있다. 나아가 관광도시 성장 동력을 제고하는 데 구축의 목표가 있다.

1. 스마트관광이 실현되는 스마트관광도시

스마트기술 적용이 매우 높은 분야 중의 하나가 바로 '스마트관광'이다. 관광지에서 정보통신기술을 활용해 관광객의 편리와 문화적 경험을 제공하며 이를 통해 관광산업의 활성화를 도모한다. 이러한 스마트관광을 실현하기 위한 구체적인 수단으로 주목받는 것이 '스마트관광도시(Smart Tourism City)'이다. 스마트관광도시는 정보통신기술을 활용하여 관광객들이 보다 쉽게 정보를 얻고 관광지를 즐길 수 있도록 구축된다. 스마트폰 앱 형태의 다양한 서비스를 이용하여 관광지의 정보를 검색하고 예약할 수 있고, 기업과 지자체들은 관광객들이 발생시킨 다양한 데이터를 분석하여 개인의 관광 취향에 맞는 맞춤형 서비스를 제공할 수 있다. 또한, 스마트관광도시에서는 관광객들이 쉽게 이동하고 머무를 수 있도록 교통시설, 숙박시설, 음식점, 주요 관광지 등을 연계하여 지원하고 있다.

2. 지역 주민에게도 도움이 되는 스마트관광도시

스마트관광도시는 관광객뿐만 아니라 지역 주민에게도 많은 이점을 제공한다. 사실 코로나19 이전에 전 세계의 주요 관광지에는 투어리스티피케이션(Touristification) 현상이 발생했다. 특정 지역이 관광객에게 매력적인 장소로 인식되면 관광산업이 발전하면서 지역의 고유한 문화와 생활방식이 관광객들의 소비 욕구에 맞춰지거나 소비화되는 것이다. 이러한 과정에서 해당 관광지에 수용할 수 없을 정도로 많은 관광객들이 몰려서 지역 주민이 관광객들을 반대하고 혐오하는 현상까지 발생하였다. 이탈리아의 베니스, 스페인의 바르셀로나 등과 함께 국내에서는 제주도에 많은 관광객이 몰렸다. 이처럼 관광에서 혼잡도는 항상 중요한 이슈가 되고 있다. 특히, 코로나19 시기 혼잡한 관광지에서는 관광객들의 안전을 담보하기 어려웠다. 제주관광공사는 관광객의 안전을 확보하기 위해 실시간 이동통신데이터를 이용하여 관광지의 혼잡도를 분석하여 확인할 수 있는 정보서비스를 내놓았다. 이 서비스는 UNWTO에서 가치를 인정받아 뉴스레터에 기고되기도 하였다.

과다한 관광객이 문제가 되기도 하지만 인구소멸 지역에서는 관광객이 필요하기도 하다. 적정한 수준의 인구가 유지되지 못하면 해당 지역의 경제적, 사회적, 환경적인 측면에서 다양한 문제가 일어난다. 스마트

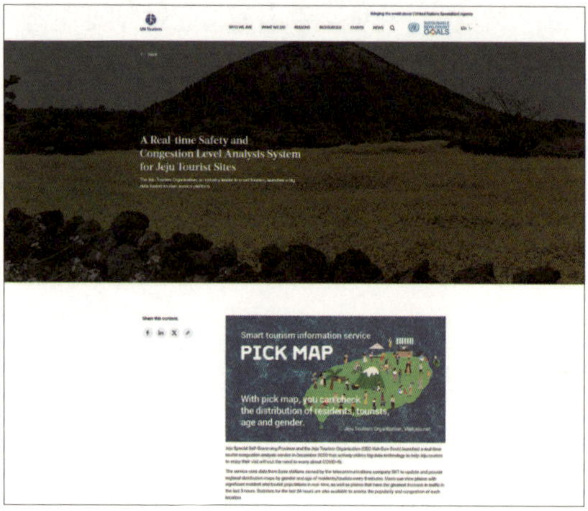

[그림 3-1] 제주관광지 실시간 혼잡도 평가시스템 구축 사례

관광도시를 통한 지역의 활성화와 관광객의 유입은 지역을 다시 활성화하여 지역 주민의 빈 자리를 채울 수 있도록 노력하는 측면이라고 볼 수 있다.

3. 스마트관광도시의 인기와 전국적 확산

우리 정부는 이러한 스마트관광도시의 역할을 인식하여 '스마트관광도시 조성사업'을 추진하고 있다. 한국관광공사는 스마트관광도시를 '관광요소와 기술요소의 융 · 복합을통해 관광객을 대상으로 차별화된 경험과 편의, 서비스를 제공하고, 이로 인해 누적된 정보를 분석하여 지속적으로 관광콘텐츠와 인프라를 개선 · 발전시키는 관광도시'로 정의하고 있다.

2020년 인천광역시 중구의 개항장 일대를 제1호로 하여 시작된 스마트관광도시 사업은 2021년 경기도 수원시, 전라남도 여수시, 대구광역

[그림 3-2] 관광산업의 디지털 전환의 산물, 스마트관광도시

시 수성구 일대로 확산되었다. 또한, 2022년에는 교통연계형, 관광명소형, 강소형으로 지역을 구분하여 관광지의 특성을 구분하여 스마트관광도시를 선정하였다. 2023년도에는 관광명소형으로 경기도 용인시의 한국민속촌 일대와 강소형으로 강원도 인제군의 자작나무숲 일원, 그리고 경상남도 통영시의 동피랑-디피랑-서피랑 일원이 선정되었다. 이러한 스마트관광도시의 전국적 확산은 관광객과 지역 주민 모두에게 도움이 되는 '스마트관광'이 새로운 관광의 패러다임으로 자리 잡았음을 입증하는 것이다.

4. 스마트관광도시의 역할은 이제부터!

현재 정부와 지자체는 스마트관광도시를 위해 상대적으로 많은 예산을 투입하여 다양한 스마트기술을 이용한 서비스를 개발하고 관광객들에게 제공하고 있다. 그런데 투입된 예산에 비해 많이 사용하지 않거나

[그림 3-3] 스마트관광도시 인천

관광객이 눈에 띄게 증가하지 않아 실망감도 자아내는 것이 사실이다. 단지 스마트관광도시만으로 관광객 증가가 이뤄지지는 않는다. 스마트관광도시의 다양한 서비스가 관광대국의 마중물이 되어 관광에 대한 패러다임을 바꾸고, 각 지자체가 이에 대해 많은 노력을 한다면 그 결실은 조만간에 나타날 것으로 기대한다.

지속가능성 및 과제

스마트관광도시가 확산되면서 이에 따른 지속가능성과 해결해야 할 과제들이 대두되고 있다. 스마트기술을 활용한 관광서비스는 편리함과 혁신성을 제공하지만, 관광객들의 실제 이용률이 기대에 미치지 못하는 경우도 많다. 따라서 기술 도입 이후의 유지보수, 관광객의 적극적인 참여 유도, 데이터의 효과적인 활용 등이 중요한 이슈로 떠오르고 있다.

스마트관광도시의 지속가능성을 확보하기 위해서는 첫째, 기술 도입 이후의 운영 전략이 필요하다. 단순히 정보통신기술 기반의 서비스 구축에 그치지 않고, 관광객이 지속적으로 이용할 수 있도록 직관적인 사용자인터페이스(User Interface: UI) · 사용자경험(User Experience: UX) 설계, 사용자 친화적인 기능 개선, 지속적인 홍보 및 마케팅 전략이 요구된다. 특히, 스마트관광서비스가 관광객의 실제 니즈를 충족하는지 평가하고 피드백을 반영하는 과정이 필수적이다.

둘째, 스마트관광도시의 지속적인 유지 · 보수 및 인프라 확장이 필요하다. 현재 많은 스마트관광도시가 정부 및 지자체 주도로 조성되고 있지만, 초기 투자 이후의 지속적인 관리가 이루어지지 않으면 기술적 노후화와 함께 활용도가 떨어질 가능성이 크다. 이를 방지하기 위해서는 공공과 민간이 협력하여 투자 모델을 개발하고, 관광객의 실시간 피드백을 반영하여 서비스를 개선하는 노력을 해야 한다.

셋째, 관광객의 데이터 활용과 프라이버시 보호 간의 균형을 맞추는 것이 중요하다. 스마트관광도시는 관광객의 이동 경로, 선호 관광지, 소비 패턴 등을 분석하여 맞춤형 서비스를 제공하는 것이 특징이지만, 이는 동시에 개인정보 보호와 관련된 논란을 초래할 수 있다. 따라서 데이터를 수집 · 활용하는 과정에서 개인정보 보호를 위한 법적 · 윤리적 기준을 마련하고, 관광객들에게 신뢰를 줄 수 있는 데이터 보호정책을 수립해야 한다.

이러한 과제들을 해결하면서 스마트관광도시는 지속가능성을 확보하고, 관광객과 지역 주민 모두가 혜택을 누릴 수 있는 방향으로 발전해 나갈 것이다.

스마트관광 대전환

글로벌 사례와 벤치마킹

스마트관광도시는 전 세계적으로 빠르게 확산되고 있으며, 선진국을 중심으로 다양한 성공 사례가 등장하고 있다. 이러한 사례를 분석하고 벤치마킹하는 것은 한국의 스마트관광도시 발전에 큰 시사점을 제공할 수 있다. 대표적인 사례로는 스페인의 바르셀로나가 있다. 바르셀로나는 스마트관광 시스템을 구축하여 관광객의 이동데이터를 실시간으로 분석하고, 주요 관광지의 혼잡도를 줄이는 전략을 도입하였다. 또한, 관광객들이 모바일 애플리케이션을 통해 실시간으로 관광정보를 얻고, 대중교통과 연계하여 편리하게 이동할 수 있도록 지원하고 있다. 이러한 시스템은 관광객의 편의성을 높이는 동시에 도시의 지속가능한 관광정책을 실현하는 데 기여하고 있다.

또 다른 사례로는 싱가포르의 스마트관광정책을 들 수 있다. 싱가포르는 국가 차원에서 스마트관광을 적극적으로 추진하며, 인공지능 기반의 관광안내 시스템, 증강현실(AR) 및 가상현실(VR)을 활용한 관광콘텐츠 개발, 무인호텔 및 스마트공항 구축 등의 혁신적인 기술을 도입하고 있다. 특히, 싱가포르는 관광산업에 AI와 빅데이터를 활용하여 방문객

[그림 3-4] 스마트관광을 적극적으로 추진하는 싱가포르(싱가포르 관광청)

의 경험을 개인화하고, 실시간 맞춤형 서비스를 제공하는 데 초점을 맞추고 있다. 한편 일본의 교토는 전통문화와 스마트관광기술을 접목하는 전략을 통해 차별화된 스마트관광도시 모델을 구축하고 있다. 교토는 스마트기술을 활용하여 관광객들의 방문 패턴을 분석하고, 주요 사찰 및 유적지의 입장 인원을 조절하여 관광객 밀집 문제를 해결하고 있다. 또한 AR과 AI 가이드를 활용하여 관광객들이 보다 깊이 있는 문화 체험을 할 수 있도록 지원하고 있다.

이스라엘 텔아비브는 2025년까지 자전거 도로 확장 및 친환경 교통 시스템을 구축하는 등 지속가능한 관광정책을 추진하고 있다. 텔아비브시는 스마트모빌리티 솔루션을 도입하여 전기자전거 및 전기스쿠터 공유서비스를 확대하고 있으며, 이를 통해 관광객과 시민 모두가 편리하고 친환경적인 교통수단을 이용할 수 있도록 하고 있다. 한편, 프랑스 파리는 '15분 도시(15-Minute City)' 개념을 도입하여 관광객과 시민이 보다 편리한 이동 및 관광을 경험할 수 있도록 환경을 조성하고 있다. 이 개념은 관광객들이 주요 관광지(에펠탑, 루브르 박물관 등)뿐만 아니라 숨겨진 지역 명소를 보다 쉽게 방문할 수 있도록 지원하며, 이를 통해 지역 경제 활성화와 지속가능한 관광을 동시에 실현하는 것을 목표로 한다. '15분 도시'는 스마트모빌리티, 지속가능성, 디지털 기술, 지역 경제 활성화라는 스마트관광의 핵심 요소들을 포함하고 있으며, 이를 통해 파리는 더욱 혁신적이고 친환경적인 관광 모델을 구축하고 있다. 이러한 글로벌 사례들은 스마트관광도시의 성공적인 운영을 위해 필요한 요소들을 시사하고 있으며, 한국의 스마트관광도시 정책에도 참고할 만한 가치가 있다. 특히, 빅데이터 및 AI 기술을 적극적으로 활용하여 관광객의 수요를 예측하고 맞춤형 서비스를 제공하는 접근 방식은 향후 한국의 스마트관광도시 모델에서도 중요한 역할을 할 것으로 예상된다.

해외 사례들을 분석하고 실정에 맞게 적용한다면, 한국의 스마트관광도시가 보다 효과적으로 운영되고, 글로벌 관광 경쟁력을 갖출 수 있을 것이다.

PART 4.

성숙도 모델의 개발과 적용

스마트관광도시의 효과적인 발전을 위해서는 도시의 디지털 역량과 운영 체계를 객관적으로 진단하고 평가할 수 있는 기준이 필요하다. 성숙도 모델은 도시가 스마트관광을 얼마나 체계적으로 구축하고 있는지를 단계별로 분석하는 도구로 활용된다. 본 장에서는 스마트관광도시 성숙도 모델의 개념과 구성요소를 살펴보고, 실제 적용 사례를 통해 그 활용 가능성을 조명한다.

스마트관광 대전환

관광도시 평가의 필요성

1. 유럽의 스마트관광도시, 스마트관광수도

사실 해외에서는 스마트도시가 스마트관광도시와 같은 의미로 사용되고 있다. 유럽 등에서는 관광산업을 우선순위로 간주하여 스마트도시 구축에도 관광을 고려하기 때문으로 판단된다. 반면 한국에서는 국토교통부를 중심으로 스마트도시사업이 진행되는 관계로 관광에 대한 우선순위가 낮다. 문화체육관광부가 지원하는 스마트관광도시는 해외에서는 상당히 보기 어려운 형태다. 유럽연합(EU)의 경우 스마트관광의 중요성을 인식, 2018년부터 접근성, 지속가능성, 디지털화, 문화 역사와 창의성이라는 4가지 영역에 대한 평가를 통해 '유럽스마트관광수도(European Capital of Smart Tourism)'를 선정하고 있다. 이러한 평가는 스마트관광의 관점에서 스마트도시가 갖추어야 할 기준을 제시한다.

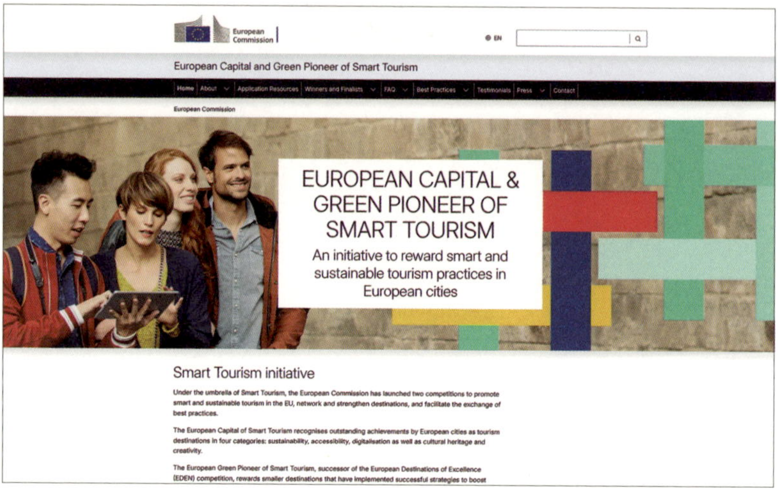

[그림 4-1] 유럽스마트관광수도 웹사이트

2. 스마트관광도시의 개념화

경희대학교 스마트관광연구소는 서울관광재단과 함께 스마트관광도시가 갖추어야 할 다섯 가지 요소를 발표한 바 있다. 스마트관광도시를 구축하기 위해서는 매력성(Attractiveness), 접근가능성(Accessibility), 디지털화(Digitalization), 지속가능성(Sustainability), 협력적 파트너십(Collaborative Partnership)의 다섯 가지 요소가 조화를 이루어야 한다는 것이다.

매력성은 관광도시의 경쟁력을 갖출 수 있는 콘텐츠와 관광경험을 지원하는 서비스를 의미한다. 접근가능성은 관광에 대한 물리적 환경과 더불어 관광 목적지에 대한 정보와 디지털 환경에 대한 접근성을 고려하고, 오프라인뿐만 아니라 온라인에서의 관광객 활동을 위한 지원을 의미한다. 디지털화는 디지털 인프라의 관점과 관광 관련 발생 데이터의 수집 및 활용이 이루어지는 통합적 플랫폼 구축의 관점으로 나눠볼 수 있으며, 지속가능성은 스마트관광도시가 인문 · 자연 · 사람 및 도시 자체의 경쟁력을 보존하고 키울 수 있는 세부 전략, 지속적으로 새로움을 창조하고 혁신적 환경에 적응할 수 있는 전략, 기존 자원을 보존하면서 스마트환경과 결합하여 상생할 수 있는 전략으로 구성된다. 끝으로 협력적 파트너십은 스마트관광도시와 직 · 간접적으로 영향 관계가 있을 수 있는 기업 및 단체, 다른 나라와의 관계도 포함하는 생태계 구축의 개념이다.

3. 스마트관광도시 비전하우스의 활용과 시사점

서울관광재단은 '관광시민의 행복을 추구하는 지속가능한 플랫폼으로서의 스마트관광도시'를 비전으로 하는 서울 스마트관광도시 비전과 추진 전략, 핵심과제를 발표한 바 있다.

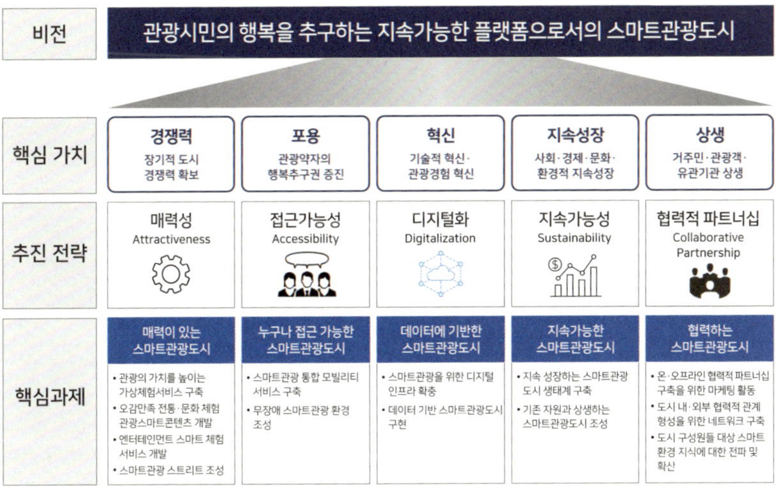

[그림 4-2] 서울 스마트관광도시 비전과 추진 전략, 핵심과제

이러한 비전하우스는 스마트관광도시를 구축하는 데 필요한 비전을 설정하고 비전을 달성하기 위한 구체적인 계획과 전략을 수립하는 데 큰 도움이 된다. 특히 기술개발 및 도입, 홍보 마케팅을 위한 중요한 지침이 된다. 그러나 지자체마다 특성이 다르고 보유한 자원이 다르기 때문에 포괄적인 지침은 될 수 있지만 구체적인 가이드라인이 되기는 어렵다. 스마트관광도시를 구축하는 데 있어 매력성, 접근가능성, 디지털화, 지속가능성, 협력적 파트너십과 같은 요소는 상대적인 중요도가 다르다. 또한 지자체마다 현재 자원의 보유 수준이 다르기 때문에 스마트관광도시 구성요소의 상대적 중요도와 지자체의 자원 보유 수준을 고려한 우선순위를 선정해야 한다. 이를 위해서는 각각의 요소를 평가하기 위한 구체적인 지표를 반영하여 지자체의 현재 상황을 정확히 진단하는 것이 우선시되어야 한다.

스마트관광도시 구축의 우선순위는?

스마트관광도시를 구축하기 위해서는 매력성, 접근가능성, 디지털화, 지속가능성, 협력적 파트너십과 같은 요소가 중요하다고 하였다. 그런데, 관광도시(지자체)가 보유하고 있는 자원의 수준이 다르고 처해 있는 여건도 제각기 다르다. 따라서, 스마트관광도시를 구성하는 요소의 상대적 중요도와 관광도시의 자원 보유 수준을 고려한 우선순위를 도출해야 해당 관광도시에 적합한 스마트관광도시 구축 전략을 구상할 수 있다. 이번에는 스마트관광도시를 구축하는 구성요소와 상대적 가중치, 우선순위 도출 방법 등에 대해서 알아보기로 한다.

1. 성숙도 모델

스마트관광도시의 수준을 구성하는 요소를 식별하기 위해 경희대학교 스마트관광연구소에서는 기존 스마트관광과 관련된 연구와 스마트도시에 대한 연구를 바탕으로 다음과 같은 구성체계를 만들었다.

[그림 4-3] 스마트관광도시 구성체계

[출처] 경희대학교 스마트관광연구소, ㈜컨슈머인사이트

이 체계는 '스마트관광도시 성숙도 모델(Smart Tourism Cities Maturity Model)'이라고 하는데 해당 관광도시가 스마트관광기술 및 서비스를 얼마나 효과적으로 통합하고 활용하고 있는지를 평가한다. 5개의 대분류는 다시 3~4가지 하위 구성요소로 구성되고 각각의 하위 구성요소는 다시 구체적인 문항(지표)을 통해 측정할 수 있다.

2. 스마트관광도시 구성요소의 상대적 중요도는 어떻게 도출할까

스마트관광도시의 수준을 구성하는 다섯까지 요인은 상대적 중요도가 다르다. 상대적 중요도를 계산하는 방법은 여러 가지가 있다. 가장 대표적인 방법은 AHP(Analytic Hierarchy Process)로 알려진 계층화 분석 프로세스이다. 이 방법은 복잡한 의사결정문제를 계층화하여 각 요소의 상대적 중요도를 수치화하는 방법인데 여러 단계를 통해 수행된다. 1단계는 '문제정의 및 계층구조' 계발로 스마트관광도시의 구성요소와 하부요소들을 바탕으로 계층구조를 만든다. 2단계에서는 '기준 및 대안의 쌍대비교'로 계층 내의 모든 요소를 쌍으로 비교하여 한 요소가 다른 요소보다 얼마나 중요한지를 수치적으로 평가한다. 이러한 단계를 마무리하면 3단계로 '우선순위 산출'이 이루어지는데, 이때 응답한 전문가들이 요소에 대한 쌍대비교가 얼마나 일관적인지를 검토하는 4단계 '일관성 검사'를 한다. 만약 응답자의 비교가 일관되지 않을 때에는 다시 비교 과정을 거쳐야 한다. 이러한 과정이 끝나면 각 구성요소의 우선순위가 도출되고 이때 각 요소별로 상대적 중요도가 수치로 계산된다. AHP방법은 전문가들의 정성적 판단을 정량적 데이터화할 수 있기 때문에 스마트관광도시 구성요소의 중요도를 결정하는 중요한 방법이 될 수 있다.

한편 스마트관광도시를 평가하는 구성요소의 상대적 중요도를 도출하는 또 다른 방법으로 구조방정식(Structural Equation Modeling, SEM)의 한 형태인 PLS(Partial Least Squares) 방식을 사용하기도 한다. 이 접근 방법은 주로 연구에서 많이 사용되며 각 구성요소를 구성하는 지표의 기여도를 정량화하여 모델을 구성하고 수집된 데이터를 모델에 반영하여 경로계수를 추정하여 가중치로 이용하는 방법이다. 이 방법은 스마트관광도시를 구성하는 구성요소와 관련된 모든 지표를 식별하고, 구성요소가 스마트관광도시 성숙도라는 하나의 구성개념에 어떻게 기여하는지를 살펴보는 것이다. 이를 위해 선정된 지표에 대해서 측정하고자 하는 지역별로 데이터를 수집하고 이를 PLS-SEM을 이용하여 형성지표 측정모형(formative measurement model)을 지정한다. 이 모델에서는 스마트관광도시를 평가하는 5가지의 구성요소들이 각각 독립변수가 되고 PLS 알고리즘을 이용하여 각 구성요소의 가중치(경로계수)를 추정한다. 이 가중치는 해당 구성요소가 스마트관광도시 성숙도라는 전체 구성개념에 얼마나 기여하는지를 나타낸다.

3. 스마트관광도시 성숙도 모델의 이해

스마트관광도시 성숙도 모델은 관광도시가 스마트기술을 통해 관광 경험을 개선하고 경제적, 사회적, 환경적 이익을 얻을 수 있는 능력을 단계별로 분류한다. 성숙도 모델은 일반적으로 다음과 같은 여러 단계로 구성된다.

각 단계는 관광도시가 스마트관광 관련 기술, 프로세스, 정책, 인적 자원을 얼마나 잘 활용하고 있는지를 나타낸다. 성숙도 평가를 통해 관광도시는 자신들의 현재 위치를 파악하고 향후 개선할 영역을 식별할

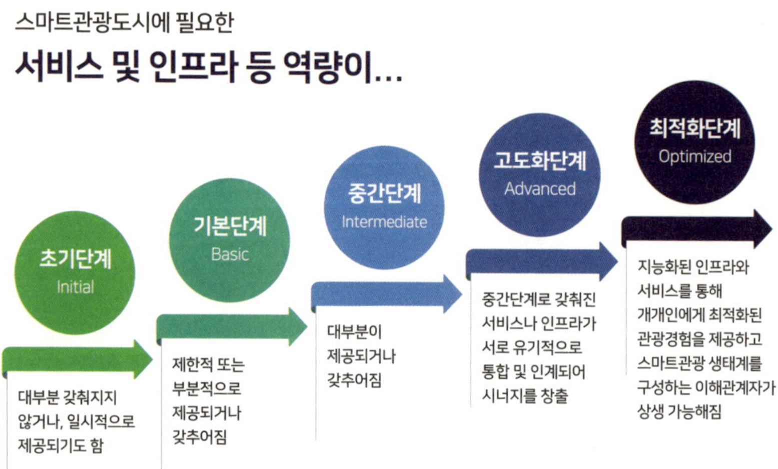

[그림 4-4] 5단계로 구성된 스마트관광성숙도 모델

[출처] 경희대학교 스마트관광연구소, ㈜컨슈머인사이트

수 있다. 앞에서도 언급한 바와 같이 개별 관광도시가 보유하고 있는 자원의 보유 수준이 다르고 처해 있는 여건도 다르기 때문에 스마트관광도시 성숙도 모델로 진단을 해보면 초기단계인 관광도시도 있고 중간단계인 도시도 있기 마련이다. 이 모델은 관광도시가 스마트관광 발전을 위한 전략을 수립하고 지속가능한 관광개발을 추진하는 데 유용한 도구로 사용된다.

스마트관광 대전환

성숙도 모델의 개발과 적용

경희대학교 스마트관광연구소와 ㈜컨슈머인사이트는 스마트관광도시 성숙도 모델의 개발 및 적용을 위해 업무협약을 맺고 2021년부터 국내 245개 지자체의 스마트관광도시 성숙도 지수를 발표하고 있다. 이는 스마트관광도시 성숙도 모델을 실제 관광도시에 적용하여 관광도시의 개선점을 찾고, 발전 방향을 모색하기 위함이다. 이번에는 스마트관광도시 성숙도 지수가 갖는 의미와 해당 관광도시들이 지역의 개선점을 어떻게 찾고 스마트관광도시 구축 전략을 구상할 수 있을지 알아본다.

1. 스마트관광도시 성숙도는 어떻게 측정되는가

스마트관광도시 성숙도를 측정하기 위해서 ㈜컨슈머인사이트에서는 자사가 보유한 온라인 서베이 패널 86만 명을 표본추출의 틀로 사용한다. 성별과 연령, 거주지에 따라서 인구비례로 할당하고 표본추출틀 내에서 무작위 확률적으로 표본을 추출한다. 이때 스마트관광도시는 관광객과 거주민 모두의 행복을 추구하는 지속가능한 플랫폼을 지향하기 때문에 관광객과 거주민을 모두 응답자에 반영한다. 매년 조금씩 다르기는 하지만 관광객과 거주민의 비율을 유사하게 구성하여 총 5만여 명이 응답한다. 전국 16개 광역지자체(세종특별자치시는 제외)와 229개 기초지자체를 포함한 총 245개 지자체를 조사 대상으로 하며 스마트관광도시 성숙도를 진단할 수 있는 5개 영역(① 매력성, ② 접근가능성, ③ 디지털화, ④ 지속가능성, ⑤ 협력적 파트너십)에 대해 평가하도록 한다. 부문별 만점은 100점이며, 이해를 돕기 위해 총합은 1,000점 만점으로 환산하여 발표하고 있다.

2. 성숙도 지수의 도출

성숙도 지수는 국내 245개 지자체에 대해 5개 영역별로 구성한 측정 항목을 5점척도(1=매우 그렇지 않다, 3=보통, 5=매우 그렇다)로 측정하여 도시별로 응답자의 평가를 평균 낸다. 또한, PLS-SEM을 이용하여 형성지표 측정

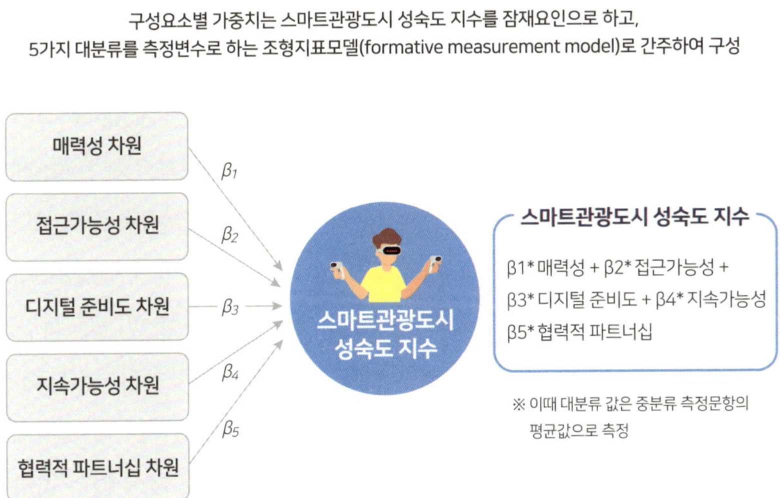

[그림 4-5] 스마트관광도시 성숙도 지수의 도출 과정

[출처] 경희대학교 스마트관광연구소, ㈜컨슈머인사이트

모형을 지정하여 각 구성요소의 가중치를 도출한다. 2023년 모델에서는 각 구성요소의 가중치가 관광객의 경우 매력성(0.239), 접근가능성(0.177), 디지털화(0.192), 지속가능성(0.214), 협력적 파트너십(0.178)으로 나타났으며, 거주민의 경우 매력성(0.252), 접근가능성(0.175), 디지털화(0.188), 지속가능성(0.213), 협력적 파트너십(0.172)의 수치로 나타났다. 이는 관광객과 거주민 응답 모두 해당 도시를 다른 도시와 차별화할 수 있는 매력성이 상당히 중요한 영향력을 미치고 있으며, 이를 어떻게 지속가능하게 유지할지가 중요한 것으로 볼 수 있다. 이는 스마트관광도시에서는 디지털화가 영향력이 가장 클 것으로 생각하는 선입견이 근시안적임을 알 수 있게 해준다.

3. 성숙도 지수의 이해

관광객과 거주민이 해당 지자체에 대해 응답한 평가항목의 평균값에 5개 영역별 가중치를 반영하여 도출된 스마트관광도시 성숙도 지수는 2021년 이래 제주도가 계속 1,000점 만점 중 630점 내외의 점수로 1위를 하고 있다. 이는 우리나라에서 스마트관광도시 수준이 가장 높은 제주도도 그 성숙도가 중간단계에서 고도화단계로 넘어가는 초입에 있다는 것을 의미한다. 그런데 순위나 총점도 중요하지만, 실제 총점을 구성하는 개별항목이 어떻게 구성되었는지를 살펴보는 것이 더 중요하다. 왜냐하면, 각각의 지자체는 저마다 보유하고 있는 관광자원이 다르고 여건이 달라서 스마트관광도시를 구축하는 데 필요한 전략이 다르기 때문이다. 예를 들어, 유구한 문화유산을 가진 경주와 그런 것이 없는 지자체의 스마트관광도시 구축 전략은 달라야 한다. 또한, 동해나 설악산이 있는 강릉과 그런 자연 자원이 충분치 못한 지자체의 스마트관광도시

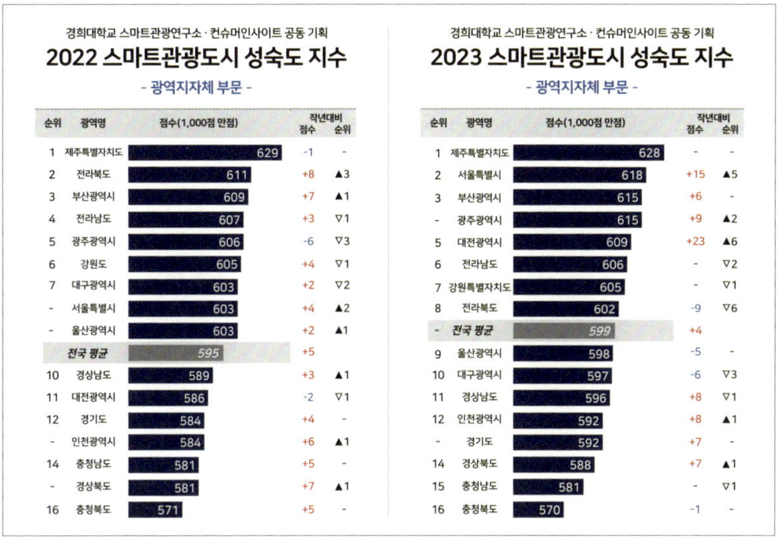

[그림 4-6] 스마트관광도시 성숙도 지수 결과

[출처] 경희대학교 스마트관광연구소, ㈜컨슈머인사이트

구축 전략은 달라야 한다. 따라서, 총점을 구성하는 개별항목에 대해 관광객과 거주민이 어떻게 응답하였는지에 대한 세부 평가 점수를 유심히 살펴볼 필요가 있다. 성숙도 지수의 평가 결과를 살펴보면 어떤 지자체는 접근가능성이 낮기도 하고, 어떤 지자체는 협력적 파트너십이 부족하기도 하다.

매력성이 부족한 지자체라면 지역의 독특한 문화, 역사, 자연환경 등을 활용하여 타 지역과 차별되는 콘텐츠 개발이 필요하다. 최근에는 콘텐츠의 개념이 온라인과 오프라인에서 발생하는 관광객의 경험데이터도 포함하는 것으로 변하고 있다. 관광객은 더 이상 콘텐츠의 소비자만이 아니다. 가상화된 환경에서 상호작용을 통해 개인화된 콘텐츠를 생성할 수도 있다. 따라서 관광객이 기억에 남을 만한 차별화된 경험을 만드는 인공적인 자원도 검토할 필요가 있다.

접근가능성이 낮은 지자체는 교통 인프라를 개선하고 장애인이나 고령자를 포함한 모든 관광객이 이용할 수 있는 편의시설을 확충하거나 다양한 언어로 정보를 제공해 외래 관광객의 접근성을 높일 수 있다.

디지털화가 부족한 지자체는 기본적인 무선 인터넷의 활용과 더불어 최신 디지털 기술을 이용한 다양한 관광경험을 전반적으로 향상하여 개선할 수 있다. 지속가능성이 부족한 지자체는 환경보호, 지역사회의 복지향상, 경제적 지속가능성을 중심으로 전략을 수립하여 친환경 관광활동을 장려하고, 지역 주민들의 삶의 질 향상에도 노력해야 한다. 끝으로 협력적 파트너십이 부족한 지자체는 지역기업, 관광업체, 정부기관, 비영리 단체 등과의 연계를 통해 지역 내외 다양한 이해관계자들과의 부단한 협력이 필요하다.

우리가 만든 세상은 우리 생각의 산물이다. 스마트관광도시는 지역관광콘텐츠의 생산과 소비방식을 근본적으로 변화시켜 새로운 비즈니스 모델을 만들 수 있다. 어떻게 하면 관광객과 거주민이 모두 행복한 지속가능한 스마트관광도시를 만들 수 있을지 부단히 고민해야 하는 이유가 여기에 있다.

PART 5.

차별화 콘텐츠, 스마트모빌리티

관광객의 이동 경험은 여행의 전반적인 만족도에 큰 영향을 미친다. 스마트모빌리티는 단순한 교통수단을 넘어, 이동 자체를 콘텐츠로 전환시키는 스마트관광도시의 핵심 요소로 부상하고 있다. 본 장에서는 자율주행, 공유 교통, 교통데이터 기반 서비스 등 스마트모빌리티가 관광경험을 어떻게 혁신하고 있는지를 살펴본다.

스마트콘텐츠로서의 스마트모빌리티

최근 '일상이 관광'이라는 말이 낯설지 않을 만큼, 관광은 일상생활과 점점 가까워지고 있다. 그러나 관광의 본질은 여전히 거주지를 떠나 다른 장소로 이동하며 새로운 경험을 누리는 데 있다. 이때 관광객들이 어떤 교통수단을 이용해 이동하느냐는 여행의 질을 결정짓는 중요한 요소 중 하나이다. 이러한 측면에서 스마트관광도시가 추구하는 차별화된 콘텐츠로서 스마트모빌리티(Smart Mobility)가 주목받고 있다. 스마트모빌리티는 단순한 교통수단을 넘어, 관광객에게 새로운 경험과 편리함, 지속가능성을 동시에 제공함으로써 관광객 이동의 패러다임을 바꾸는 핵심 요소로 자리매김하고 있다.

1. 스마트모빌리티의 등장

모빌리티란 모바일의 명사형으로 '움직일 수 있는 것'을 의미하는데, 최근에는 기존의 교통수단을 모두 포함하여 사용되고 있다. 따라서 스마트모빌리티란 첨단기술을 이용한 교통수단이라는 의미로 기존 교통수단의 스마트화뿐만 아니라 인공지능, 빅데이터, 로봇 등의 신기술에

[그림 5-1] 세그웨이(Segway) 어드벤처를 즐기는 젊은이들

힘입은 새로운 교통수단이라는 의미도 갖고 있다. 스마트모빌리티는 공유 전기자전거와 킥보드 같은 개인형 모빌리티, 자율주행 자동차 같은 하드웨어적 시스템뿐만 아니라 차량 공유서비스나 차량호출 서비스, 통합 교통 서비스 같은 소프트웨어적 시스템까지도 포함하는 개념으로 사용되고 있다.

2. 관광에 적합한 스마트모빌리티

스마트모빌리티는 두 가지 관점에서 관광객들에게 매우 의미가 있다. 첫째, 스마트모빌리티는 기존의 교통망이 원활하지 않은 관광지에서 관광객들이 자신의 차량을 이용하거나 대여하지 않고도 비교적 쉽고 편리한 방법으로 관광지를 이동할 수 있도록 지원한다. 특히, 대부분의 스마트모빌리티는 친환경적이라는 특징도 갖고 있어 스마트관광도시가 추

[그림 5-2] 스마트폰을 이용하여 교통수단 예약 및 결제가 가능한 윔(Whim)

구하는 지속가능한 관광의 가치와도 잘 맞아떨어진다. 둘째, 관광객들은 다양한 관광지를 여행하면서 서로 다른 교통수단을 이용하게 된다. 이때 스마트모빌리티는 여러 교통수단을 유기적으로 연계할 수 있는 정보를 제공하고, 관광객들이 이를 마치 하나의 교통수단처럼 한 번에 결제하고 편리하게 이용할 수 있도록 돕는다. 무엇보다 스마트모빌리티는 단순한 이동의 수단을 넘어, 관광객들에게 새로운 체험과 이야깃거리를 제공하는 스마트관광도시의 차별화된 콘텐츠로서 가치를 지니고 있다. 자율주행차 안에서의 실감 콘텐츠 체험, 온디맨드 모빌리티를 통한 맞춤형 여행 루트 설계 등은 이동 자체를 관광객에게 특별한 경험으로 만들어주며, 이는 스마트관광도시의 경쟁력을 높이는 중요한 요소가 된다.

핀란드의 '윔(Whim)' 서비스는 스마트모빌리티를 대표했던 통합 이동 플랫폼이다. 사용자가 이 스마트폰 앱을 통해 대중교통, 택시, 자전거 대여, 차량 공유 등 다양한 교통수단을 한 번에 예약하고 결제할 수 있었다. 이러한 방식은 도시 이동의 디지털 전환을 이끌었으나, 수익성 한계와 운영상의 어려움으로 현재는 서비스가 축소된 상태이다. 그렇지만 윔은 여전히 다양한 교통수단을 하나의 앱으로 연결한 '모빌리티 통합(Mobility as a Service, MaaS)' 개념을 세계에 확산시킨 선도적 사례로 평가된다.

3. 스마트모빌리티의 새로운 흐름: 자율주행차와 온디맨드 모빌리티

스마트모빌리티가 주목받는 또 다른 이유는 단순히 기존 교통수단을 디지털화하거나 공유하는 데 그치지 않고, 새로운 이동수단과 서비스 방식을 만들어내고 있기 때문이다. 그 대표적인 예가 자율주행차와 온디맨드 모빌리티(On-Demand Mobility)이다. 자율주행차는 인공지능과 첨단 센서 기술, 초정밀 지도 등을 활용하여 사람의 조작 없이 스스로 주행할 수 있는 차량을 말한다. 관광 분야에서 자율주행차는 단순히 관광객을 목적지로 데려다주는 교통수단을 넘어, 이동 자체를 하나의 관광 경험으로 바꿀 수 있는 잠재력을 가지고 있다. 운전에 신경을 쓸 필요 없이 창밖의 풍경을 감상하거나, 차량 내부에서 증강현실을 통해 관광지 정보를 실시간으로 안내받는 등 '이동 중 관광체험'이 가능해지기 때문이다. 또한, 고령자나 외국인 관광객처럼 운전에 익숙하지 않은 사람들에게도 안전하고 편리한 이동수단이 될 수 있다는 점에서 스마트관광도시의 접근성을 한층 높여줄 것으로 기대된다.

실제로 라스베이거스에서는 자율주행 셔틀버스가 호텔과 주요 관광지를 순환하며 관광객의 편리한 이동을 지원하고 있으며, 두바이에서도 자율주행 택시 서비스 도입을 준비하고 있다. 이처럼 자율주행차는 스마트관광도시에서 '교통수단 이상의 관광콘텐츠'로서 역할할 수 있는

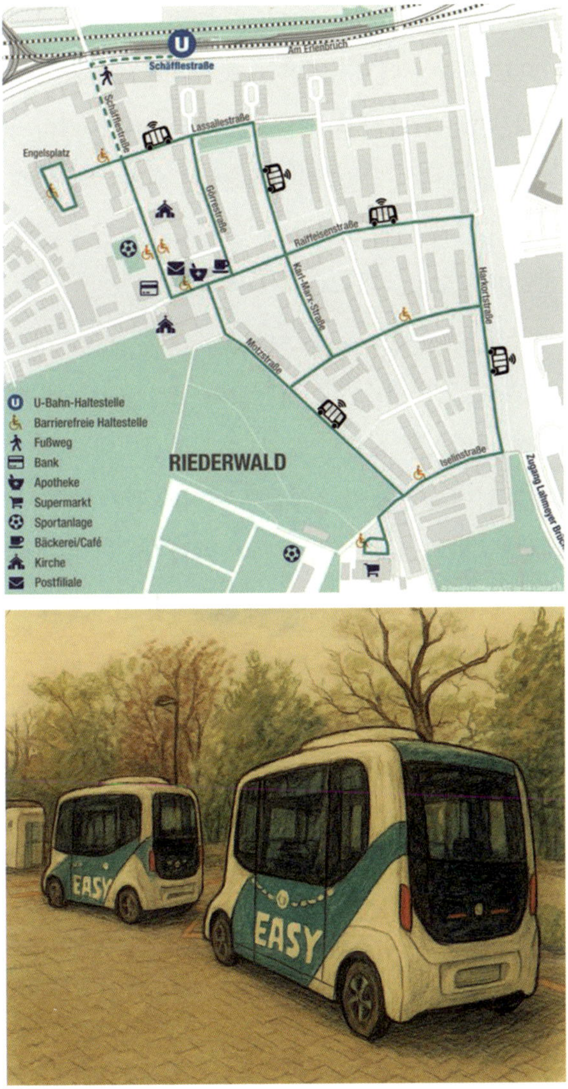

[그림 5-3] 독일의 자율주행버스가 다니는 프랑크푸르트 리더발트 일대 지도 및 이지

가능성을 보여주고 있다. 한편, 온디맨드 모빌리티는 관광객의 요청에 따라 실시간으로 차량을 배차하거나 노선을 유동적으로 조정할 수 있는 교통 서비스다. 기존의 정해진 노선이나 시간표에 얽매이지 않는다는 점에서, 특히 관광 분야에 적합하다. 관광객이 원하는 시간과 장소에 맞춰 차량이 배차되기 때문에 개별 여행자나 소규모 단체 관광객의 이동을 보다 유연하게 지원할 수 있다.

예컨대 독일의 '이지(EASY, Electric Autonomous Shuttle for You)'는 관광객의 앱 호출에 따라 소형 버스가 실시간으로 경로를 설정해 관광지를 연결한다. 이러한 서비스는 교통 수요가 적은 시간대에도 안정적으로 운행할 수 있다는 점에서 관광지 활성화뿐 아니라 관광객의 체류 시간 확대에도 기여할 수 있다. 국내에서도 인천 개항장이나 수원화성 관광특구를 중심으로 온디맨드 모빌리티를 접목한 시범 서비스가 조금씩 늘어나고 있어 주목할 만하다. 결국 스마트관광도시에서 자율주행차와 온디맨드 모빌리티는 단순히 이동수단을 넘어, 관광객에게 맞춤형 서비스와 새로운 경험을 제공하는 차별화된 콘텐츠로서 자리 잡아갈 것으로 기대된다.

4. 국내 스마트모빌리티 어디까지 왔나?

자율주행 자동차나 도심항공모빌리티(Urban Air Mobility: UAM)는 기술적인 문제 등이 속속 해결됨에 따라 상용화에 바짝 다가섰다. 국내에서 스마트모빌리티 사업은 국토교통부의 스마트시티챌린지사업과 문화체육관광부의 스마트관광도시 조성사업에서 현황을 살펴볼 수 있다. 먼저 대구광역시는 실시간으로 교통상황을 관제하고 내비게이션으로 교통흐름을 분산시켜 도심 교통을 개선하는 서비스를 제공하고 있으며, 경

[그림 5-4] 체험할 수 있는 XR버스

북 포항은 사물인터넷 센서를 통해 도로 정비가 필요한 구간을 자동으로 검출하고 보행자 안전을 위협하는 불법 주정차나 적치물을 감지하여 실시간으로 관리하고 있다. 스마트시티챌린지사업이 주로 인프라와 관련된 사업인 데 반해 스마트관광도시 조성사업은 관광객의 이동 편의에 관심을 두고 있다. 인천 개항장에서는 '인천e지' 앱을 이용하여 여행 일정에 최적화된 차량과 이동서비스를 받을 수가 있다. 또한 시티투어버스, 월미바다열차, 이야기 자전거 등을 통합하여 사용할 수 있는 통합 모빌리티 서비스를 제공하고 있으며 목적지까지의 거리와 이동 방법을 증강현실로 제공하는 가이드 서비스를 제공한다.

스마트관광도시 조성사업에 선정된 수원시는 수원화성 통합관광 플랫폼 '터치수원'을 통해 수원화성 관광특구 내의 관광정보를 쉽고 간편하게 얻을 수 있다. 특히, 앞서 언급한 'XR버스 1795행'은 투명 디스플레이가 설치된 창문을 통해 1795년 을묘원행 당시 정조대왕능행차를 XR

로 체험할 수 있는 특수 버스다.

또한, 최근에는 세종시 등 일부 지역에서 자율주행 셔틀버스가 일반 도로에서 운행을 시범적으로 시작하면서 관광객들이 도시를 이동하면서 스마트 시티의 혁신적 기술을 체험할 수 있는 기회가 확대되고 있다. 앞으로 스마트관광도시 조성사업은 자율주행차와 온디맨드 모빌리티가 결합된 정교한 교통 서비스로 점차 발전할 것으로 전망된다.

5. 국내 스마트모빌리티가 성장하려면

미래의 교통은 기존 교통수단이 스마트화함과 동시에 새로운 유형의 교통수단인 모빌리티가 계속해서 등장할 것이다. 따라서 미래의 교통은 기존의 모빌리티와 새로운 모빌리티가 상호 유기적으로 통합될 수 있는 인프라를 제공하는 것이 가장 중요할 것이다. 이를 위해서는 국가나 주요 도시가 주도적인 역할을 수행하여 교통시스템을 정비하고 이를 활용할 수 있는 통합 플랫폼이 구축될 수 있는 환경을 제공해야 한다. 이를 위해서는 새로운 모빌리티가 자리 잡을 수 있도록 법과 제도 등이 발 빠르게 정비되어야 할 것이다. 서로 다른 모빌리티가 실시간으로 연동되어 정보가 제공되고 한 번에 결제가 되기 위해서는 다양한 사업자의 이해관계를 해결할 수 있는 새로운 제도가 필요할 것이기 때문이다.

스마트관광도시는 주민과 관광객이 같이 어울려 사는 공간이다. 스마트모빌리티는 주민과 관광객이 겪는 도시의 교통과 안전 문제를 해결하고 나아가 최근 많은 이슈가 되고 있는 탄소 배출도 감소시킬 수 있는 새로운 길을 열 수 있다.

고객만족과 RECSA 모델

1. 고객만족과 서비스 품질 측정의 필요성

고객만족은 기업의 상품이나 서비스를 이용한 뒤 고객이 느끼는 전반적인 평가를 의미한다. 긍정적인 경험은 고객으로 하여금 해당 기업이나 브랜드에 더 큰 관심을 갖게 하고, 재이용이나 추천 같은 행동으로 이어진다. 결국 고객만족은 기업이 수익을 높이고 경쟁력을 유지하는 데 핵심적인 역할을 한다. 고객만족을 좌우하는 요인은 다양하다. 직원의 친절함, 빠르고 정확한 서비스, 합리적인 가격뿐 아니라, 특히 서비스의 품질이 큰 비중을 차지한다. 교통 서비스 분야에서도 서비스 품질은 이용자 만족을 결정짓는 중요한 요소로 꼽히지만, 대중교통처럼 공공성이 큰 서비스는 품질을 구체적으로 어떻게 측정할지 늘 고민이 따른다. 이런 배경에서 제시된 것이 바로 RECSA 모델이다. 이 모델은 대중교통의 서비스 품질을 신뢰성(Reliability), 서비스의 범위(Extent of Service), 편안함(Comfort), 안전성(Safety), 경제성(Affordability)이라는 다섯 가지 요소로 나누어 설명한다.

신뢰성은 대중교통이 제때 운행되는지, 지연 시 충분한 안내가 이루어지는지 등을 살핀다. 편안함은 대기 공간의 보호시설, 쾌적한 차량 환경, 편안한 좌석 등을 포함한다. 서비스의 범위는 단순히 운행 횟수나 노선의 수뿐 아니라 시간대와 지역적 커버리지를 함께 고려한다. 안전성은 사고 위험이나 범죄로부터의 보호와 연결되며, 경제성은 저렴하거나 합리적인 요금 체계와 할인 혜택 등을 의미한다.

2. RECSA 모델의 적용과 프리미엄 모빌리티로의 확장

RECSA 모델의 다섯 가지 요소는 대중교통뿐만 아니라 관광버스, 택시, 프리미엄 교통 서비스 등 여러 교통수단의 품질 평가에도 폭넓게 적용되어왔다. 실제로 여러 연구들에서는 RECSA 모델을 활용해 개발도상국 관광객들의 버스 서비스 만족도, 택시 서비스 품질 평가 등을 분석해왔고, 신뢰성이나 경제성, 편안함 등이 고객만족에 크게 작용한다는 결과를 보여주었다. 다만 지역과 교통수단에 따라 안전성이나 운전자 행동의 영향은 다르게 나타나기도 한다. 특히 프리미엄 모빌리티 서비스 분야에서는 고객들이 단순히 차량의 고급스러움만이 아니라 정시 운행, 목적지까지의 소요 시간, 기사 친절도, 차량 내부의 청결과 쾌적함, 합리적인 요금 체계를 모두 중요하게 평가하는 것으로 나타났다. 기존 대중교통보다 '편안함'과 '신뢰성'에 대한 기대가 훨씬 높다는 점도 특징적이다.

이처럼 RECSA 모델은 교통 서비스를 이용하는 고객의 만족도를 이해하고, 서비스 개선 방향을 찾는 데 매우 유용한 틀로 활용될 수 있다. 프리미엄 모빌리티 서비스를 포함한 다양한 교통 서비스에서 RECSA 모델의 적용 가능성은 앞으로도 더욱 주목받을 전망이다.

프리미엄 모빌리티 이용 경험과 CIT 분석

1. 결정적 사건 기법(CIT)과 연구 설계

스마트모빌리티가 단순한 교통수단을 넘어 관광객의 새로운 경험 공간으로 자리 잡고 있는 가운데, 고객이 실제로 어떤 점에 만족하거나 불만족하는지를 구체적으로 파악하는 것은 매우 중요하다. 이를 위해 활용되는 대표적인 연구 방법이 바로 CIT(Critical Incident Technique), 즉 결정적 사건 기법이다. CIT는 고객이 겪은 서비스 경험 중 특히 만족하거나 불만족했던 사건을 중심으로 구체적인 사례를 수집하고, 그 원인과 맥락을 분석해 서비스 개선의 단서를 찾는 방식이다. 이 기법은 응답자의 생생한 경험을 질적으로 분석하면서도, 수치로 정리할 수 있는 특징 덕분에 서비스 산업 분야에서 꾸준히 활용되고 있다. 경희대학교 스마트관광연구소에서는 프리미엄 모빌리티 서비스를 이용했던 고객들의 만족과 불만족 경험을 조사하고자 CIT를 적용한 연구를 수행했다. 특히 이번 연구에서는 프리미엄 모빌리티 택시 서비스인 아이엠(i.M)택시를 이용한 실제 고객들을 대상으로 설문조사를 진행했다. 이 과정에서 아이엠택시가 보유한 마케팅 수신 동의 고객 데이터를 활용해 설문 참여

[그림 5-5] 프리미엄 모빌리티를 지향하는 아이엠택시

자에게 문자 메시지를 발송하고, 응답자에게는 소정의 포인트를 지급하는 방식으로 보다 정확하고 실질적인 고객의 목소리를 수집할 수 있었다. 설문은 최근 두 달 이내에 두 번 이상 아이엠택시를 이용한 고객이 조사 대상이었다. 총 320부의 응답 중 불성실한 답변을 제외하고 최종적으로 273부가 분석에 사용되었고, 이 안에서 고객들의 경험을 담은 결정적 사건은 총 379건이 수집됐다. CIT 방식의 설문은 자유로운 서술형으로 구성되어 있어, 고객이 직접 자신의 경험을 구체적으로 적도록 유도했다. 특히 이번 조사에서는 "아이엠(i.M)택시를 이용한 경험 중 가장 기억에 남았던 경험을 육하원칙에 맞춰 자세히 기술하라"는 식으로 질문을 구성해 고객의 구체적이고 생생한 이야기를 이끌어냈다.

2. 프리미엄 모빌리티 서비스의 이용 경험 분석

분석 과정에서 연구자들은 RECSA 모델의 틀을 활용했다. RECSA 모델은 교통 서비스의 품질을 신뢰성, 서비스 범위, 편안함, 안전성, 경제성의 다섯 가지 측면으로 나누어 설명하는데, 이번 연구에서는 이 모델을 프리미엄 모빌리티 서비스에 맞게 일부 수정했다. 분석 결과, 프리미엄 모빌리티 서비스의 이용 경험은 신뢰성, 차별화된 서비스, 편안함, 안전성, 비싼 가격(高價性), 편리성의 여섯 가지 주요 범주로 나누어졌다. 이 중 편리성은 RECSA 모델에는 없던 새로운 요소로 추가된 것이 특징적이다. 또한, 이번 연구에서는 '넓은 승차감'과 '비싼 가격'이 기존의 선행 연구에서 다뤄지지 않았던 프리미엄 모빌리티만의 독특한 하위 요인으로 도출됐다. 특히 넓은 차량 공간은 프리미엄 모빌리티 이용객에게 큰 매력으로 작용했으며, 고가의 이용요금은 고객의 만족과 불만족을 가르는 양면적 요소로 나타났다. 이러한 연구 결과는 자율주행차나 온디맨드 모빌리티 같은 새로운 형태의 스마트모빌리티 서비스에도 중요한 시사점을 제공한다. 미래의 스마트관광도시에서는 교통수단 자체가 관광객의 '경험'이 되기 때문에, 단순히 이동의 편의성뿐 아니라 고객이 그 안에서 느끼는 감정과 만족도를 체계적으로 분석하고 관리하는 것이 더욱 중요해질 것이다.

이처럼 경희대학교 스마트관광연구소의 연구는 프리미엄 모빌리티 서비스를 경험한 고객들이 실제로 무엇에 만족하고, 어떤 점에서 불편을 느끼는지를 구체적으로 밝혀냈다는 점에서 의의가 크다. 앞으로 이러한 분석 결과는 관광이나 레저 목적의 프리미엄 모빌리티 서비스 개발과 품질 개선에 중요한 시사점을 제공할 것으로 기대된다.

PART 6.

경제적 파급력과 디지털 전환의 본질

스마트관광은 기술 도입을 통한 서비스 개선에 그치지 않고, 관광산업 구조 전반에 경제적 파급효과를 유발하는 혁신 동력으로 작용하고 있다. 동시에 디지털 전환은 단순한 도구의 변화가 아니라, 관광의 생산·유통·소비 방식 자체를 근본적으로 재편하는 본질적 전환을 의미한다. 본 장에서는 스마트관광이 만들어내는 경제적 가치와 디지털 전환의 구조적 의미를 함께 조망하고자 한다.

스마트관광 대전환

스마트관광 경제적 파급력 측정

우리나라를 비롯한 세계의 유명 관광도시들은 스마트관광도시를 표방하고 있다. 스마트관광의 시대가 도래함에 따라 이러한 스마트관광도시는 효율적인 기술적용과 활용을 통해 도시의 운영비용을 감소시킬 뿐만 아니라 나아가 고급 일자리 창출, 관광수익 및 세수확보 등 막대한 경제적 이득을 창출할 것으로 예상할 수 있다. 스마트관광을 도입하여 얼마나 경제적 파급효과를 일으킬 수 있을지 판단하는 것은 스마트관광의 활성화에 있어 매우 중요하다.

1. 경제적 파급효과는 어떻게 측정할까?

경제적 파급효과를 측정하는 방법은 다양하며 어떠한 목적을 달성하기 위한 것인지에 따라 다르다. 관광학 분야에서 주로 사용하는 방법은 산업연관분석(inter-industry analysis) 또는 투입산출분석(input-output analysis)이라는 기법이다. 산업연관분석은 레온티에프(Wassily W. Leontief)가 1936년 그의 논문에서 미국경제에서 모든 재화와 서비스의 흐름을 일괄적으로 표현한 경제표를 작성하면서 시작되었다. 이후 레온티에프

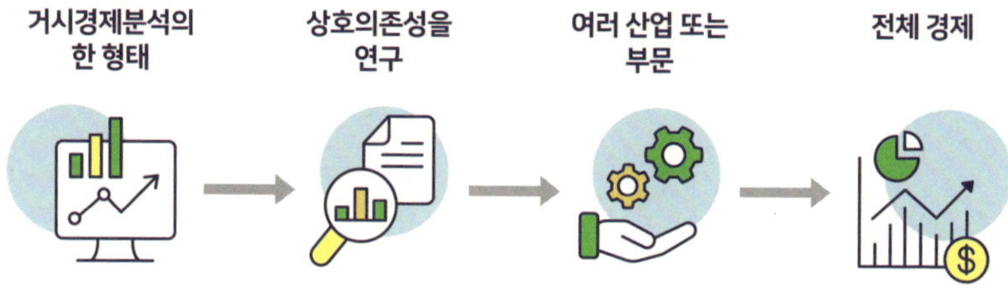

[그림 6-1] 투입산출분석의 과정

는 이를 기반으로 1919년부터 1929년까지 미국경제에 대한 투입산출표를 작성한 논문과 1939년까지로 그 범위를 넓힌 논문을 발표함으로써, 산업연관분석의 토대를 닦았다. 산업연관표는 일반적으로 5년을 주기로 발행되기 때문에 산업연관분석은 과거 자료를 토대로 현재의 경제적 파급효과를 파악해야 한다는 한계를 갖고 있다. 그러나 다른 경제적 파급효과 분석 방법인 경제기반분석(economic base analysis)과 소득-지출분석(Income-Expenditure analysis)이 통합된 승수를 도출하는 것과는 달리(예: 관광산업 전체), 산업연관분석은 개별 승수(예: 스마트관광) 도출이 가능하기 때문에 현재까지 개발된 방법론 중에서는 가장 신뢰할 만한 방법론으로 간주되어 다수의 선행연구에서 활발히 사용되어왔다.

2. 산업연관분석과 산업연관표

산업연관분석을 하기 위해서는 산업연관표를 활용해야 한다. 산업연관표는 국가 경제를 구성하는 산업들 간에 일정기간 동안(일반적으로 1년) 이루어지는 재화와 서비스의 거래내역을 행렬로 정리한 표로, 여러 산업의 경제적 활동 내역을 파악하는 데 적합한 데이터라고 할 수 있다. 산업연관표는 산업 간의 재화 및 서비스의 거래내역, 즉 다른 산업의 생산

활동을 위한 원재료 또는 부재료로서의 활용, 국내 소비 및 투자, 해외 수출의 상황을 나타내며, 이러한 산업연관표를 활용하여 산업간 상호연관관계를 수량적으로 분석하는 것이 산업연관분석이다. 산업연관표는 작성 대상 지역에 따라 전국산업연관표와 지역산업연관표로 분류된다. 전국산업연관표는 전국을 기준으로 산업별 거래 내역을 나타낸 것으로 다양한 생산기술구조를 평균적 개념으로 작성한 표이며, 특정 산업이나 이벤트가 전국단위에 미치는 경제적 파급효과를 추정할 때 사용된다. 반면, 지역산업연관표는 지역 간 상이한 산업구조와 기술구조, 거래 형태를 반영하기 위해 지역별, 산업별 거래 내역을 나타내는 데 사용된다. 연구목적과 연구대상에 따라 산업연관표를 선택하게 되지만, 일반적으로 전국산업연관표는 산업들이 대분류, 중분류, 소분류로 구분되어 있어, 연구자가 연구목적에 부합하는 분류를 선택하여 경제적 활동 내역을 파악할 수 있다는 장점을 갖고 있다.

3. 스마트 분야 및 관광 분야에서의 산업연관분석

스마트 분야에서는 스마트그리드산업, 스마트도시 등 신산업의 경제적 파급효과를 추정하기 위한 연구들이 진행된 바 있다. 스마트그리드산업의 경제적 파급효과를 추정하기 위해서 전국산업연관표에서 스마트그리드 관련 산업을 전자 및 전기기기, 전력발전설비, 수송장비, 건설, 운수서비스, 통신 및 정보서비스 등으로 도출하여 경제적 파급효과를 추정하였다. 또한, KT 경영경제연구소에서는 5G 이동통신에 대한 투자금액이 각 산업부문으로 파생되는 경제적 파급효과를 추정한 바 있다.

한편, 관광 분야에서는 전국산업연관분석을 기반으로 다수의 경제적 파급효과에 대한 연구들이 이루어져왔다. 2002 한일월드컵이 전국에 미치는 직 · 간접적 경제적 파급효과를 추정하기 위해 월드컵으로 인한 관광객의 수요를 예측한 후 지불예상금액을 사용하여 전국산업연관분석을 사용하였다. 스마트관광 분야에서도 스마트관광산업을 전기 및 전자기기, 정보통신 및 방송서비스, 도소매서비스, 운송서비스, 음식점 및 숙박서비스, 문화스포츠서비스 산업의 총 7개의 산업으로 판단하고, 경제적 파급효과를 추정하려는 시도가 있었다. 최근에는 BTS와 청와대 개방의 경제적 파급효과도 추정된 바 있다.

스마트관광 대전환

경제적 파급효과 계산

최근 우리나라에서는 스마트관광도시사업이 문화체육관광부와 한국관광공사를 중심으로 활발히 추진되고 있으며 많은 지자체가 적극적으로 참여하고 있다. 그런데, 투입되는 예산에 비해서 외래 관광객 수가 많이 늘지 않았다거나 앱을 하나 개발하는 데 왜 이렇게 많은 예산이 투입되는가 하는 점에 대해 많은 말들이 있다. 스마트관광의 경제적 파급효과는 관광객의 수나 개발된 앱의 다운로드의 수 정도가 아닌 더 큰 영향력이 있다.

1. 스마트관광의 경제적 파급효과는 어디까지 미칠까

스마트관광의 경제적 파급효과를 측정하기 위해서는 기본적으로 스마트관광산업에 대한 정의가 선행되어야 한다. 스마트관광산업이란 스마트관광과 연관된 전후방 산업을 모두 의미하는데 통상 컴퓨터, 통신, 정보서비스와 같은 스마트 분야와 음식점, 숙박, 문화 및 여행 등의 전통적인 관광 분야, 그리고 금융, 의료, 수하물운송 등 여행에 필요한 부수적인 분야까지를 모두 포함한다고 볼 수 있다. 즉, 이러한 스마트관광의 파급력은 단순히 관광객의 수나 개발한 앱을 관광객들이 얼마나 다운받는지의 일차적인 산법으로는 정확히 파악하기 어렵다는 의미이다.

2. 유발계수의 도출

스마트관광의 경제적 파급효과를 계산하기 위해서는 최종수요 한 단위가 발생할 때 전 지역과 전 산업에 유발하는 생산효과를 나타내는 '생산승수'와 함께 최종수요 한 단위가 발생할 때 전 지역과 각 산업부문이 이를 충족시키기 위해 전 산업에 파급시키는 직접적 · 간접적 소득효과인 '소득승수' 등을 계산한다. 이외에도 최종수요가 한 단위 발생할 때, 각 산업부문이 이를 충족시키기 위해 전 산업에 파급시키는 직접적·간접적 부가가치 효과를 의미하는 '부가가치승수', 최종수요가 한 단위 발생할 때, 각 산업부문이 이를 충족시키기 위해 전 산업에 파급시킨 직접적 · 간접적 재정수입효과를 나타내는 '간접세승수'를 계산하며, 최종수요가 한 단위 발생할 때, 국민경제 전반에 걸쳐 직접적 · 간접적으로 유발되는 고용효과를 의미하는 '고용승수'를 구한다.

3. 경제적 파급효과의 추정

경희대학교 스마트관광연구소가 한국관광공사의 의뢰를 받아 수행한 '스마트관광의 경제적 파급효과 분석연구'에 따르면 스마트관광의 도입은 다른 분야보다도 스마트관광과 직접적인 관련이 있는 산업에 더 파급력이 있는 것으로 나타났다. 특히, 스마트관광은 지역 주민에게 직접 지출되는 개인 소득향상에도 크게 기여하는 것으로 나타나 관광의 활성화로 인해 피해를 받고 있다고 인식하는 주민들에게도 실질적인 혜택을 제공할 수 있는 것으로 나타났다. 스마트관광에 한국관광공사가

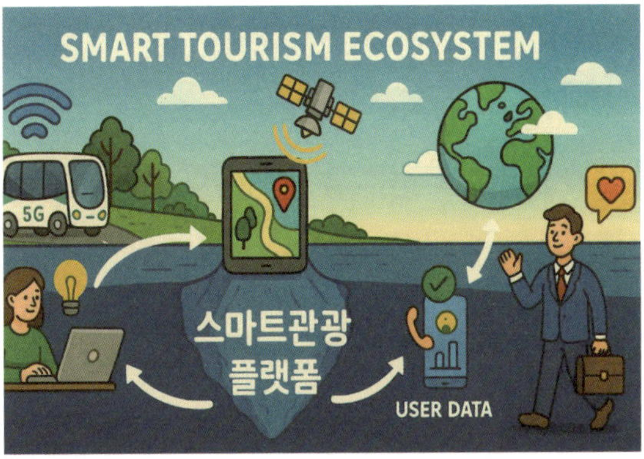

[그림 6-2] 스마트관광의 경제적 파급효과의 과정

150억 원을 투자할 경우, 총 27개 산업에 걸쳐 약 8,850억 원의 경제적 파급효과와 3,015명의 고용창출 효과를 보일 것으로 추정되었으며, 이 파급효과 중의 절반 정도가 스마트관광의 제반 분야에서 기인하는 것으로 나타났다. 이러한 연구 결과는 스마트관광에 있어서 단순한 앱 개발 등은 지양하고 스마트관광에 관련 산업들이 서로 연계되어 있는 생태계적 관점에서 접근해야 함을 시사한다. 즉, 모든 이해관계자가 지속적으로 상호작용을 해야 스마트관광의 실질적 경제적 파급효과를 얻을 수 있다는 것이다. 스마트관광은 정보의 흐름에 대한 통제력으로부터 경제적 가치를 창출한다. 지자체는 관광객의 성향 및 행동 등을 파악할 수 있는 실시간 데이터를 다른 이해관계자들과 공유함으로써 관광객의 요구에 맞는 정책개발, 상품개발 등을 이룰 수 있다. 물론 이를 위해 개인정보 보호 등에 대해서도 충분히 검토가 이루어질 때 스마트관광의 진정한 경제적 파급효과를 언급할 수 있을 것이다.

경제적 파급효과의 요체

2020년 인천 개항장, 2021년 수원 화성행궁 일대를 대상지로 시작한 문화체육관광부(한국관광공사) 주관의 스마트관광도시사업은 대구 수성구, 여수, 울산 남구, 충북 청주, 경북 경주, 전북 남원, 강원 양양, 강원 인제, 경남 통영, 경기 용인 등이 조성이 완료되었거나 진행 중이다. 스마트관광도시 사업의 중요성을 일찌감치 깨달은 지자체들은 세 번 이상 응모

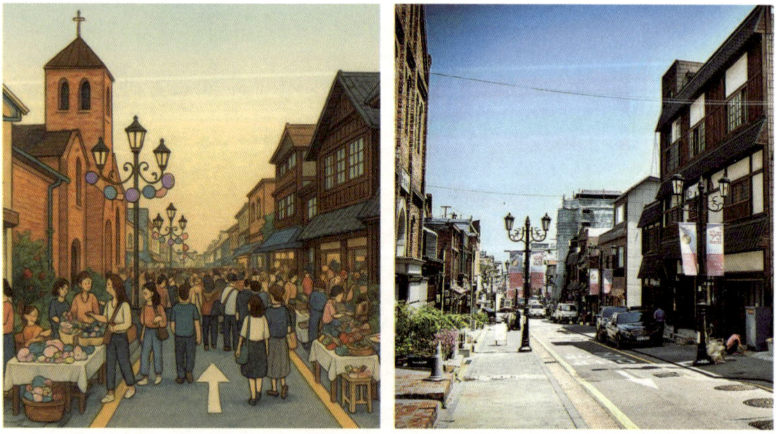

[그림 6-3] 제1호 스마트관광도시인 인천 개항장

하여 사업에 선정된 일도 있을 정도로 큰 관심을 보이고 있다. 국비 35억 원, 지방비 35억 원 등 대상지마다 70억 원 정도의 큰 예산이 투입되다 보니 스마트관광도시의 경제적인 파급효과에 대한 기대가 큰 것도 사실이다.

그런데 4년 차를 맞이한 스마트관광도시사업의 미래는 밝지만은 않아 보인다. 스마트관광도시사업이 왜 이런 평가를 받게 되었는지 살펴보고 그 해결방안을 모색해 보려 한다.

1. 스마트관광도시 조성사업은 70억짜리 앱 개발사업인가?

스마트관광도시 조성사업에 대한 가장 비판적인 목소리는 '70억이나 투입하여 결국 관광 앱 하나를 만들었느냐' 하는 것이다. 스마트관광도시사업을 통해 선정된 지자체들은 스마트관광도시 구축을 위해 스마트경험, 스마트편의, 스마트서비스, 스마트모빌리티, 스마트플랫폼 등 다양한 기능을 갖춘 통합 플랫폼을 구축한다. 이를 위해 5~15개 정도의 참여기업들이 컨소시엄을 구성하여 1년도 안 되는 짧은 기간 동안 기획부터 개발, 운영에 이르는 전 과정을 신속하게 진행하고 있다. 따라서, 본 사업에서는 그동안 협업을 해본 경험이 없는 다양한 스마트관광 기업들이 공동 개발을 통해 스마트관광사업에 대한 이해를 높이고, 이 과정에서 지자체들도 스마트관광에 대한 기술적, 관리적 이해를 하게 된다. 특히 스마트서비스를 위해서는 지역 상권과 협업이 필요하기 때문에 상인들에게 본 사업의 취지를 설명하고 설득하는 과정이 필수적이다. 이러한 과정은 눈에 보이지는 않지만 스마트관광도시사업이 성공적으로 안착하는 데 매우 중요한 과정이다. 단지 앱 하나를 만드는 사업이 아닌 것이다.

2. 눈에 보이는 것이 전부는 아닌 스마트관광도시 조성사업

사실 지자체 입장에서는 그동안 관광정보를 제공하는 앱 정도는 개발하고 운영한 적은 있었지만 이렇게 복잡한 시스템을 주도적으로 개발해 본 경험은 전무하다. 그런데 많은 기능을 갖춘 플랫폼 구축과 더불어 다양한 이해관계자를 조율하는 과정에서 지자체에서는 스마트관광도시 사업이 단순히 디지털 앱이나 디지털 플랫폼을 개발하는 이상이라는 것을 경험적으로 알게 되었다. 사실 이러한 경험은 관광산업의 디지털 혁신을 위해서 매우 필요한 학습의 과정이다. 그런데, 언급한 다양한 기능을 통합적으로 운영하는 플랫폼은 최종사용자 입장에서는 앱의 형태이다. 그렇기 때문에 결국 모든 사업의 귀결이 앱 개발처럼 보이는 것이다. 사실 스마트관광도시사업에서 구축된 앱은 빙산의 일각에 불과하다는 표현이 정확하다. 물 위에 떠 있는 얼음 조각이 빙산이 아니듯이 스마트관광도시 사업에서 앱은 아주 작은 부분에 불과하다.

3. 스마트관광도시 조성사업의 요체는 무엇일까

스마트관광도시 조성사업을 값비싼 앱 개발사업 정도로 치부하는 것은 본 사업을 성공적으로 만들기 위해 그간 애쓴 많은 이들의 노력을 폄하하는 것이다. 그렇다면 스마트관광도시 조성사업은 어떤 영향을 가지고 있을까? 이는 단지 경제적 파급효과를 넘어서 관광산업과 지자체에 다양한 영향을 미치고 있다.

스마트관광도시 조성사업의 영향력은 경제적 효과뿐만 아니라 4차 산업혁명으로 인한 관광산업 변화에 대한 인식 확산에 크게 기여하고 있다. 이제 지자체의 관광부서는 디지털 혁신에 대응하는 인력의 필요성과 이러한 변화에 어떻게 대응할 것인지에 대해 보다 심도 있게 고민

[그림 6-4] 스마트관광도시의 목표

하게 되었다. 특히 스마트관광플랫폼에서 도출된 데이터를 바탕으로 데이터에 기반한 관광서비스와 관광정책을 만들 수 있는 환경이 되었다. 환경적 측면에서도 종이로 된 홍보 책자를 줄이거나 식당에서도 메뉴를 QR코드를 통해 제공하는 등 스마트관광도시사업은 종이가 불필요한 종이 없는 서비스를 만들 수 있게 되었다. 무엇보다도, 정보시스템 구축에서 가장 큰 난제였던 '사용자의 저항(resistance)' 문제를 스마트관광도시사업은 효과적으로 완화했다는 점에서 주목할 만하다. 이 사업은 일반 시민, 상인, 관광객 등 다양한 사용자들이 디지털 기술을 자연스럽게 접하고, 그 유용성을 체감하도록 유도함으로써 디지털 전환에 대한 인식을 긍정적으로 변화시켰다. 이는 스마트기술 도입의 사회적 수용성을 높이고, 장기적으로 지역의 디지털 역량을 강화하는 데 중요한 토대를 제공하였다.

또한, 지자체의 주민들과 상인들은 본 사업을 통해 지자체와 더 많은 소통을 하여 지자체의 추진사업에 대해 이해하게 되었고 이를 통해 새로운 비즈니스 기회를 만들고 있다.

맹자(孟子)의 〈공손추(公孫丑)〉 상(上)에 보면 '알묘조장(揠苗助長)'이라는 이야기가 나온다. 벼를 빨리 자라게 하려고 벼의 순을 뽑다가 벼를 모두 말라 죽게 만든 이야기이다.

4차산업혁명 시대를 맞아 모든 산업이 급격한 변화를 겪고 있으며, 인구감소와 같은 구조적 위기에 대응하기 위해 우리 지자체와 기업들은 다양한 전략을 모색하고 있다. 이러한 변화의 파고 속에서 특히 관광산업은 그 영향과 도전이 가장 뚜렷하게 나타나는 분야 중 하나이다. 스마트관광도시 조성사업은 이러한 외부 환경 변화에 대응하는 과정에서 지자체와 지역 기업이 어떤 역할을 해야 하는지 깊이 성찰하게 만든다는

[그림 6-5] 알묘조장(揠苗助長)

점에서 중요한 의미를 지닌다.

스마트관광도시 조성사업에 대한 평가는 다를 수 있겠지만, 관광산업의 디지털 전환은 더 이상 선택이 아닌 불가피한 흐름이다. 따라서 이 사업이 지닌 시범적 성격과 그간의 실험적 성과를 넘어, 더 많은 지자체로 확산되어야 하는 필연적인 이유가 여기에 있다. 궁극적으로 스마트관광도시 조성사업은 지역관광의 지속가능성을 높이고, 디지털 시대에 부합하는 서비스 혁신을 실현하는 데 핵심적인 역할을 하고 있다.

PART 7.

경험중심 콘텐츠플랫폼의 첨병, 스마트호텔

호텔은 관광객이 가장 오랜 시간을 보내는 공간이다. 호텔은 이제 숙박을 넘어 종합적인 체험이 이루어지는 복합 콘텐츠플랫폼으로 진화하고 있다. 스마트호텔은 AI, IoT, 빅데이터 등을 활용해 투숙객의 경험을 개인화하고, 운영 효율성과 서비스 품질을 동시에 향상시키고 있다. 본 장에서는 스마트호텔이 어떻게 경험중심의 관광콘텐츠 허브로 작동하고 있는지를 살펴본다.

스마트관광 대전환

스마트호텔이란?

AI 퍼스트 시대, 호텔산업의 가장 큰 변화는 이른바 스마트호텔(Smart Hotel)의 등장이다. 스마트호텔은 단순한 기술집약형 공간을 넘어, 고객에게 몰입감 있는 서비스를 제공하는 '경험중심 콘텐츠플랫폼'으로 진화하고 있다. 즉, 다양한 디지털 기술을 활용하여 고객에게 향상된 경험을 제공하고, 고객 맞춤형 서비스를 통해 만족도를 제고하는 것이 핵심이다. 이러한 플랫폼은 고객의 체류 전 과정에 걸쳐 정보 제공, 서비스 제안, 감각적 상호작용을 아우르는 콘텐츠로 구성되어, 호텔 자체가 하나의 '체험형 콘텐츠'로 기능하게 된다. 스마트호텔은 주로 QR코드, 인공지능, 로봇, 자동화 시스템, AR/VR 등을 통해 이러한 기능을 구현하며, 기술을 콘텐츠화하고 경험화함으로써 고객 접점을 확대하고 타 호텔과 차별화된 경쟁력을 확보하고자 한다.

1. 스마트호텔의 등장배경

스마트호텔의 등장배경은 4차산업혁명의 영향으로 말미암은 디지털 기술의 급격한 발전과 이러한 발전을 호텔에서도 활용하고자 하는 고

[그림 7-1] 호캉스, 스마트호텔, 경험을 키워드로 생성한 이미지

객들의 요구에 기인하고 있다. 현재 스마트호텔에서 사용되는 기술들은 매우 다양한데 이러한 기술들은 호텔만을 목적으로 개발된 기술이라기보다는 최근에 등장한 기술들을 호텔 목적에 맞게 변형하여 사용하고 있다고 보는 것이 바람직하다. 그동안 호텔은 주로 객실 판매 위주의 운영을 해왔지만, 스마트호텔은 기존의 호텔산업에 새로운 가능성을 열어주고 있다. 이제 호텔산업은 스마트기술을 활용하여 호텔의 운영 효율성을 개선하고, 고객 경험을 혁신적으로 변화시키는 스마트호텔을 통해 '경험산업'으로 탈바꿈할 준비가 되어 있다. 경험산업은 고객들에게 독특하고 기억에 남는 경험을 제공함으로써 가치를 창출하는 산업을 의미한다. 이는 단순히 제품이나 서비스를 판매하는 것을 넘어서 소비자에게 감성적이고 개인적인 경험을 제공하는 것에 중점을 둔다. 이제 경험산업의 유형은 매우 다양하며 여행과 관광, 문화 및 엔터테인먼트, 스포츠, 레저 활동, 음식과 요리, 교육 및 학습체험 등을 포함한다. 이러한 산업의 공통점은 각각 고유한 방식으로 고객들에게 감동과 즐거움을 제공

하여 차별화된 경험을 창출하는 데 있다.

호캉스(Hocance)는 호텔에서 휴가를 보낸다는 의미를 담은 신조어로 호텔산업의 경험 산업화와 밀접한 연관이 되어 있다. 이제 고객들은 호텔을 단순한 숙박을 넘어서서 기억에 남는 경험을 추구하는 최종 관광 목적지(Tourism Destination)로 간주하게 되었다. 이는 호텔업계가 고객들에게 다양한 서비스를 제공하여 더 많은 가치를 창출해낼 수 있게 되었다는 것을 의미한다. 특히 스마트호텔은 호캉스 고객들이 호텔에서 첨단 기술을 이용하여 경험할 수 있는 다양한 서비스를 제공하여 새로운 형태의 휴가 경험을 가능하게 하고 있다. 이와 같이 고객들의 새로운 경험을 추구하는 트렌드와 기술의 발전이 결합하여 스마트호텔의 발전 가능성이 매우 커지고 있다.

2. 스마트호텔은 어떤 서비스를 제공할까?

스마트호텔은 고객의 경험을 증진시킬 수 있는 다양한 기술을 호텔의 곳곳에 도입하고 있다. 호텔에서 고객의 여정에 따라 경험할 수 있는 다양한 디지털 기술들을 생각해 보자. 호텔에 들어서면서부터 일어난 가장 큰 변화는 무인 프런트데스크다. 코로나19의 영향으로 비대면을 선호하는 고객들의 요구와 비용절감이라는 호텔산업의 이해관계가 일치하여 프런트데스크의 무인화는 급격히 이루어지고 있다. 이와 함께 객실 출입 역시 스마트폰을 통해 문을 여닫을 수 있는 열쇠 없는(Keyless) 시스템이 도입되고 있다. 특히, 최근에는 프런트데스크에 챗GPT를 이용한 로봇(Concierge Robot)을 설치하여 고객들이 다양한 문의사항을 해결하는 데 도움을 주고 있다.

객실에서는 인공지능 음성인식 스피커를 통해 객실 내의 에어컨, TV

[그림 7-2] 고객 지원을 위한 태블릿 PC 예시

조명과 같은 전자기기들을 컨트롤 할 수 있으며 커튼을 여닫거나 하는 등의 색다른 서비스도 제공한다. 객실 내 비치된 태블릿을 이용하면 배달 로봇을 이용하여 객실로 간단한 음료나 편의용품 등을 받을 수도 있다. 객실 내에 비치된 HMD(Head Mounted Display)를 이용하면 객실 내에서 다양한 가상현실을 경험할 수도 있다.

호텔의 로비에서는 증강현실로 구현된 예술작품들을 스마트폰을 통하여 경험할 수 있으며, 수화물 보관 로봇을 이용하여 체크아웃 후에도 자신의 짐들을 보관할 수 있다. 대표적인 인적 서비스 중심의 산업이라는 호텔산업의 스마트화는 호텔의 입장에서는 새로운 기회나 쉽지 않은 과제이기도 하다. 그러나 스마트호텔은 국내뿐만 아니라 해외에서도 급격히 확산되고 있다.

국내 스마트호텔의 사례

1. AI 컨시어지가 근무하는 노보텔 앰버서더 동대문호텔

국내에 스마트호텔로 가장 널리 알려진 노보텔 앰버서더 동대문호텔은 객실에 음성인식 스피커를 비치하여 에어컨, TV, 심지어 커튼까지 컨트롤할 수 있는 시스템을 선보여 화제가 된 바 있다. 최근에는 KT의 AI 음성인식 플랫폼 '기가지니 인사이드'와 영상 합성 솔루션 'AI 휴먼' 기술을 바탕으로 'AI 컨시어지' 서비스를 선보였다. AI 컨시어지 서비스는 호텔 1층의 로비에 있는데, 고객이 호텔 내에서 제공되는 서비스에 대한 이용문의를 하면 AI 휴먼 기술로 구현된 가상의 직원이 관련된 정보를 음성으로 실시간으로 답변해 준다. 사실 기존에도 AI 스피커나 챗봇을 이용하여 고객의 질문에 답변한 서비스는 있었지만, 노보텔 앰버서더 동대문호텔의 'AI 컨시어지' 서비스는 기존의 키오스크 형태로 편의성이 높고 IT가 익숙하지 않은 고객들도 쉽게 접근할 수 있다. 특히, 주변 사람을 인식하는 센서가 내장되어 있어 고객이 접근할 시에는 먼저 인사를 건네는 등 실제 호텔직원에게 응대받는 듯한 느낌을 구현하였다. 노보텔 앰버서더 동대문호텔은 최근 객실 내에 스마트 QR코드와 AI

[그림 7-3] 호텔의 'AI 컨시어지' 서비스

[그림 7-4] 무인매장

스마트 벤딩 머신 플랫폼 서비스 '노봇 스토어(NOBOT Store)'를 운영하며 국내 스마트호텔의 선구자적인 역할을 지속하고 있다.

2. 무인매장으로 비대면 서비스를 강화한 L7 • 롯데시티호텔

L7과 롯데시티호텔은 MZ세대(1980년대~2000년대생)가 비대면 서비스를

선호한다는 경향에 주목하여 호텔 내 무인매장 '맥시바(Maxi Bar)'와 '시티 익스프레스(City Express)'를 운영하고 있다. 두 호텔 브랜드에서 운영하는 무인매장은 일반적인 소매상품을 판매하는 단순 키오스크가 아닌 재활용 나무칫솔 등 호텔만의 차별화된 상품을 판매한다. 24시간 영업하는 호텔의 특성을 고려하여 객실에서 고객이 온라인 QR코드로 무인매장에 상품을 주문하면, 직원이 주문을 확인하고 배달 로봇이 객실로 가져다주는 방식이다. 인간과 로봇이 협업하는 '코보틱스(Cobotics)'를 구축한 L7과 롯데시티호텔은 각 호텔의 특성에 맞는 개성 있는 상품과 친환경 상품을 지속적으로 준비해 호텔 경험의 재미요소를 증가시키는 데 주안점을 두고 있다.

3. 버틀러 로봇이 배달하는 쉐라톤 그랜드 인천 호텔

스마트호텔에서 가장 많이 사용하는 서비스는 버틀러 로봇(배달 로봇)이라고 볼 수 있다. 이미 지난 편에 루마호텔 샌프란시스코의 '루시'와 '루미'를 소개한 바 있다. 국내에서도 신세계 조선호텔이나 강남 포포인츠 호텔 등에서도 어메니티를 객실로 배달하는 서비스를 하고 있다. 그런데 쉐라톤 그랜드 인천 호텔은 버틀러 로봇에 '쉐린'이라는 이름을 붙이고 로봇이 조금 더 직원과 같이 친숙한 이미지를 부여하고 있다. 쉐라톤 그랜드 인천 호텔의 브랜드인 '쉐라톤'과 호텔이 위치한 '인천'의 합성어인 '쉐린'은 룸서비스 메뉴 주문 시 직원 대신 로봇이 상품을 객실로 전달하는 서비스다. 객실에 비치된 QR코드를 휴대전화로 비추면 음식 종류를 확인할 수 있으며 객실에서 인룸다이닝(In Room Dining) 메뉴 주문 시 이용할 수 있다. 또한, 고객이 투숙 기간 동안 '쉐린'과 함께한 순간을 촬영해서 인스타그램에 올리면 곰인형을 주는 이벤트를 진행하기도 한

[그림 7-5] 호텔이 도입한 버틀러 로봇

다. 쉐라톤 그랜드 인천 호텔은 이러한 시도가 고객들에게 재미와 특별한 가치를 제공하기 위함이라고 하고 있는데, 이는 해외의 스마트호텔 사례에서 보듯이 단지 비용절감뿐이 아닌 고객에게 새로운 경험을 선사하기 위한다는 점과 일맥상통한다고 볼 수 있다.

4. 객실에서 메타버스 가상현실을 즐길 수 있는 쉐라톤 그랜드 인천 호텔

쉐라톤 그랜드 인천 호텔은 객실에서 메타버스 가상현실(Virtual Reality: VR)을 체험하며 액티비티를 즐길 수 있는 '윈터 원더스(Winter Wonders)' 상품을 출시하였다. 이 패키지 상품은 기존의 패키지 상품에 메타버스 VR을 대여하는 상품을 포함한 것인데 체크인 때 대여하고 체크아웃 때 반납하면 된다. 이 VR기기에는 각 연령대에 맞는 맞춤형 문화 콘텐츠가 내장된 특징이 있다. 다양한 게임과 교육 프로그램을 기반으로 실제 공연을 관람하는 듯한 현장감이 더해진 뮤지컬, 연극, 오페라, 퍼포먼스 공연 콘텐츠와 OTT 시청도 가능하다. 단지 숙박 공간이 아닌 호텔에서 다양

[그림 7-6] 호텔의 객실에서 즐길 수 있는 메타버스 VR

한 경험을 하고자 하는 고객들에게 시설적인 서비스케이프(Servicecape) 뿐만 아니라 메타버스 VR과 같은 추가적인 서비스를 제공하는 것은 차별화된 서비스를 제공하고자 하는 시도로 볼 수 있다. 이상과 같이 국내에서 스마트호텔은 비용절감보다는 조금 더 고객에게 재미와 차별화된 가치를 제공하는데 주안점을 두고 있다는 것을 알 수 있다.

스마트관광 대전환

국외 스마트호텔의 사례

1. 공룡직원이 체크인을 도와주는 일본의 헨나호텔

언론에 가장 많이 회자된 대표적인 스마트호텔은 2015년 일본의 나가사키 사세보현에 개장한 일본의 헨나호텔(Henna Hotel)일 것이다. 헨나호텔의 가장 놀라운 점은 프론트데스크에 다양한 유형의 로봇 직원을 배치했으며, 특히 공룡 모양의 직원을 두어 고객의 관심을 끌고 고객에게 새로운 경험을 제공하고자 하였다는 것이다. 헨나호텔은 현재 일본 국내외에 20여 개의 체인을 두고 있으며 호텔의 많은 부분을 자동화하고 있다. 헨나호텔은 이러한 자동화된 로봇시스템을 통하여 많은 비용을 절감하고 있다고 한다. 이러한 방식은 호텔의 이름을 전 세계에 널리 알리는 광고 전략으로도 매우 주효했다. 일본어로 이상하다는 의미의 'Hen'은 다른 의미로는 변화(change) 또는 변환(transformation)이라는 의미도 갖고 있어 헨나호텔이 항상 변화를 추구한다는 것을 의미하기도 한다.

[그림 7-7] 일본 헨나호텔의 프론트데스크

[그림 7-8] 영국 최초의 객실키가 필요 없는 뮤지엄 호텔

2. 원격관리가 가능한 영국의 뮤지엄 호텔

영국 최초 객실키가 필요 없는 호텔(Keyless Hotel)이라는 영국 옥스퍼드 도심의 뮤지엄 호텔은 2017년에 처음 문을 열었다. 원격으로 쉽게 관리할 수 있도록 가상 체크인(Virtual Check in), 무인 리셉션, 제한된 서비스 경험을 모토로 하고 있다. 뮤지엄 호텔은 1594년에 지어진 역사적인 건물을 리모델링하여 고객에게 새로운 경험을 제공하고 비용절감을 위하여 다양한 디지털 기술을 도입하였다. 비교적 보수적이라는 영국에서조차 원격으로 관리하기 위해 객실키가 필요 없고 가상 체크인이 가능한 스마트호텔을 도입했다는 점에서 매우 인상적인 사례로 볼 수 있다.

3. 배달 로봇이 인상적인 루마호텔 샌프란시스코

루마호텔 샌프란시스코(Luma Hotel San Francisco)는 '루시(Lucy)'와 '루미(Lumie)'라고 불리는 배달 로봇(Delivery Robot)으로 유명하다. 이 로봇은 고객의 새로운 경험 제공을 위해 객실까지 직접 커피를 안전하게 배달할 수 있도록 고안되었다. 고객들이 객실 내 비치된 QR코드를 스캔하여 주문하면 루시와 루미가 주문을 받는다. 커피를 비롯해 스낵, 맥주, 와인 등을 맞춤형 캐리어에 담아 엘리베이터를 부르고 스스로 적절한 층을 선택하고 객실 앞에 도착한 후 고객에게 전화를 걸어 도착을 알린다. 배달 로봇이 직원들이 할 수 있는 일을 대신한다는 점에서 비용절감이라는 측면으로도 볼 수 있다. 하지만 다른 측면에서는 고객에게 즐거움이라는 새로운 경험을 제공하기 위해 디지털 기술을 활용하고 이를 통해 타 호텔과 차별화된 서비스를 제공한다는 강점을 내세울 수도 있다.

4. UAE 두바이 어드레스 호텔 & 리조트의 챗GPT 기반의 가상 컨시어지

두바이 어드레스 호텔 & 리조트(Dubai Address Hotels & Resorts)에서 첫선을 보인 가상 호스피탈리티 컨시어지 '누하(Nuha)' 는 챗GPT 기술에 의해 구동되는 인공지능 서비스로 깊고 개인적인 상호작용의 정교함을 구현하는 데 공을 많이 들였다. 누하를 통해 고객들은 다양한 정보 및 도움을 얻었다고 생각할 뿐만 아니라 자연스럽고 직관적인 대화를 하고 있다는 느낌이 들 수 있다. 호텔 고객들이 로봇 컨시어지 서비스를 활용할 때는 사람과 대화하고 있다는 느낌을 받기 어렵다. 그런데, 누하는 챗GPT 기술의 지원하에 이러한 한계점을 극복하고 있다. 고객뿐만 아니라 호텔직원 입장에서도 새로운 동료가 생겼다고 봐도 무방할 듯하다.

이상의 사례를 통해 호텔은 비용절감이라는 차원에서 스마트호텔에 접근하기도 하지만, 고객들에게 차별화된 경험을 제공하여 경쟁력을 확보하려고 한다는 점을 알 수 있었다.

[그림 7-9] 루마호텔의 배달 로봇 루시와 루미

[그림 7-10] UAE 최초 챗GPT 기반 가상 호스피탈리티 컨시어지 '누하'

PART 8.

스마트호텔과 기억에 남는 경험

여행의 만족도는 머무는 공간에서의 경험에 크게 좌우된다. 스마트호텔은 기술을 통해 투숙객의 개별적 니즈에 맞춘 감각적이고 몰입적인 서비스를 제공함으로써, 단순한 숙박을 넘어 '기억에 남는 체험'을 창출하고 있다. 본 장에서는 스마트호텔의 현재 이슈와 과제를 살펴보고, 스마트호텔이 어떻게 고객의 감정과 기억에 영향을 미치며, 관광 경험의 질을 높일 수 있을지 살펴본다.

스마트관광 대전환

디지털 기기는 스마트호텔 종업원의 동료인가?

국내외 사례를 통하여 스마트호텔은 주로 두 가지 이유에서 도입됨을 알 수 있었다. 첫 번째는 디지털 기기를 이용하여 호텔의 운영을 효율화하고 이를 통해 비용을 절감하고자 하는 것이다. 두 번째는 인공지능, 증강현실 등 다양한 디지털 기술을 고객서비스에 접목하여 호텔에서 하는 고객의 경험을 증대시키고 고객과의 친밀감 형성 등을 통한 수익 다변화를 모색하는 것이다. 그런데 일반적인 기업에서도 정보시스템 도입의 이유는 주로 비용절감, 차별화, 고객과의 친밀감 형성 등인 경우가 많다. 스마트호텔의 추진 이유 역시 이와 같은 선상에서 살펴볼 수 있을 것이다. 그러나 앞서 살펴본 바와 같이 스마트호텔은 기존의 기업에서 도입한 정보시스템과는 다른 여러 가지 인공지능 기반의 디지털 기술들이 도입되어 있어 새로운 이슈가 필연적으로 발생한다. 여기에서는 스마트호텔의 추진에 있어서 종업원과 고객의 관점에서 이슈와 과제를 논의하고자 한다.

1. 동료인가 천덕꾸러기인가

앞선 사례에서도 살펴보았지만 최근 스마트호텔 추진에서는 주로 배달, 청소, 안내를 지원하는 서비스로봇을 가장 먼저 도입한다. 호텔의 입장에서는 상대적으로 일손을 감소시킬 수 있고, 고객에게 새로운 경험을 선사하면서 다른 호텔과 차별화하는 홍보효과라는 두 마리 토끼를 동시에 잡을 수 있다는 계산이 깔려 있다. 그런데, 스마트호텔의 서비스로봇이 이러한 성과를 달성하기 위해서는 종업원과의 역할분담이 명확하고, 종업원을 잘 지원해야 한다. 즉, 호텔의 서비스로봇이 종업원의 동료(teammate) 역할을 충실히 할 때 이러한 목표 달성이 가능하다. 그러나 실제 호텔에서 서비스로봇은 기대만큼 높은 성과를 내고 있지는 못한 실정이다. 해외에서 성공적인 사례로 소개했던 일본의 헨나호텔 같은 경우에서도 프론트데스크의 로봇이 고객의 질문에 제대로 답하지 못하거나, 객실의 인공지능 스피커가 옆에서 자는 고객의 코 고는 소리에 수차례 "무슨 말씀인지 이해하지 못했습니다. 다시 한번 말씀해주십시오" 하고 반복하여 고객을 깨우는 웃지 못할 촌극이 벌어지기도 했다. 고객들의 불평이 쏟아졌으며 인력난이 해소되기는커녕 로봇을 보조하고 수리하는 인력을 더 고용해야 하는 상황에 놓였다.

국내에서도 객실의 TV나 에어컨 등을 컨트롤하는 태블릿을 익숙하게 사용하지 못하는 고객들이 있다. 이들의 호출로 종업원들에게 불필요한 업무가 늘었다는 불만도 터져나오는 게 현실이다.

2. 인공지능 로봇서비스는 일자리를 감소시킬 것인가

한 가지 흥미로운 사실은 스마트호텔의 서비스로봇이 갖는 여러 가지 한계에도 많은 호텔은 오히려 서비스로봇의 도입을 확대하는 추세

[그림 8-1] 인간의 노동력을 대체한 산업용로봇

다. 서비스로봇이 가져다주는 효율성을 외면하기 어렵기 때문이다. 이미 산업용로봇들은 공장에서 인간의 노동력을 대체하며 그 우수성을 보여주고 있다.

스마트호텔에서 사용하는 서비스로봇은 그 기능이 제한적이라고 볼 수 있다. 아직 시장의 규모가 작고 예측하기 어려운 고객을 상대하는 어려운 업무를 수행해야 한다는 점 때문이다. 그러나 급격한 기술의 발전으로 앞으로 호텔을 비롯한 다양한 분야에서 고도로 발전된 서비스로봇의 활용이 예상된다. 호텔 종업원이 일자리를 빼앗기는 상황이 발생할 수도 있을 것이다. 단기적으로는 호텔 종업원이 로봇 서비스의 기능 때문에 스트레스를 받는 상황이 이어지겠지만, 인간 종업원이 서비스로봇은 하지 못하는 차별화된 업무가 무엇인지 고민할 시기도 머지않아 보인다.

3. 인간과 닮은 휴머노이드 형태의 서비스로봇이 최고인가?

스마트호텔의 서비스로봇은 공상과학 영화처럼 인간과 닮은 휴머노이드(Humanoid) 형상을 해야만 할까? 자율자동차가 개발되고, 챗GPT가 무엇이든 응답해 주는 지금, 사람과 구분하기 어려운 서비스로봇이 언젠가는 등장할 것이다. 그러나 현재의 기술 수준으로는 인간과 구분하기 어려운 서비스로봇이 단기간 내에 등장하기는 어렵다. 이러한 점에서 서비스로봇은 고객과 어떤 상호작용을 하는지에 따라 적절한 외관을 갖추는 것이 바람직해 보인다. 불쾌한 골짜기(Uncanny Valley) 이론에 따르면 사람들은 로봇이 사람의 모습과 흡사해질수록 호감도가 증가하다가 어느 정도에 달하면 강한 거부감을 느낀다고 한다. 그러나 로봇의 외모나 행동이 인간과 구분하기 어려운 수준이 되면 호감도는 다시 증가하여 인간에 대해 느끼는 감정과 비슷해진다는 것이다.

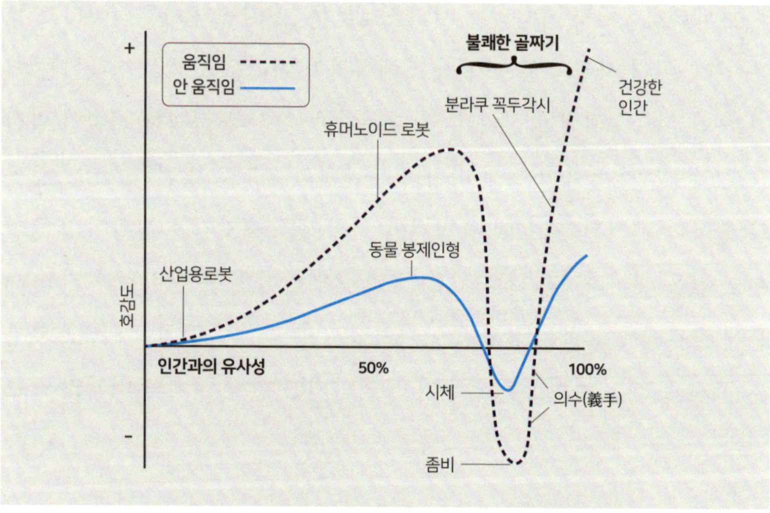

[그림 8-2] 불쾌한 골짜기(Uncanny Valley) 이론

이 이론을 스마트호텔에 적용해 보면 서비스로봇이 할 수 있는 일과 외모의 수준을 일치시켜 고객들의 불필요한 기대감과 불확실성을 줄여야 한다는 것을 알 수 있다. 특히, 산업용로봇과 달리 호텔에서 사용되는 서비스로봇은 '인간'이라는 고객을 상대해야 하므로 서비스 실패가 더 큰 문제로 번질 수 있음을 잊지 말아야 할 것이다.

디지털 기기는 고객의 경험을 향상할까?

스마트호텔을 추진함에 있어서 많은 호텔이 운영의 효율성을 증대하고, 고객의 경험을 향상시켜 고객과의 친밀감을 강화하는 것을 목표로 한다. 그러나 앞서 알아본 바와 같이 현장에 도입된 디지털 서비스는 기대만큼 성과를 내지 못하는 것으로 나타났다. 게다가 호텔 종업원들은 스마트호텔에 도입되는 다양한 디지털 서비스로 인해 업무가 오히려 증가하거나, 일자리를 빼앗길 수 있다는 우려로, 이른바 테크노스트레스(Technostress)를 받는 것으로 나타났다. 그렇다면 스마트호텔에서 다양한 디지털 서비스를 경험하는 고객들은 이러한 변화를 어떻게 받아들이고 있을까?

1. 호캉스의 등장은 고객들의 경험을 어떻게 바꾸고 있나

호텔과 바캉스를 결합한 신조어인 호캉스(Hocance)는 영어권에서는 스테이케이션(Staycation)이라고 불렀다. 최근에는 호캉스 자체가 하나의 학술용어로 자리 잡은 추세다. 전통적으로 호텔을 이용한 고객들은 주로 비즈니스 목적으로 출장을 왔거나 휴가차 이용하더라도 주변 관광

[그림 8-3] 야외수영장에서 영화를 볼 수 있는 호텔

지를 방문하기 위한 숙박의 목적이 대부분이었다. 그런데 호캉스는 전통적인 고객들의 사용 목적과는 달리 호텔 자체가 최종 목적지가 되는 관계로 단지 숙박만이 아닌 호텔의 모든 시설과 서비스를 온전히 즐기고자 한다. 최근 경희대학교 스마트관광연구소에서 호캉스를 경험한 400여 명을 대상으로 호캉스에서 중요하게 생각하는 속성이 무엇인지 조사한 바 있다. 그 결과 고객들은 호캉스를 위한 호텔 선택 속성으로 다양한 시설, 충분히 휴식할 수 있는 환경, 인스타그램에 올릴 만한 공간, 예약의 편리성, 종업원 서비스, 호텔의 평판도 등을 중요한 요소로 꼽았다. 반면에 호텔 내 음식의 품질이나 주변 관광지는 상대적으로 중요하지 않게 나타났다. 호캉스로 방문하는 고객들은 차별화하여 경험할 수 있는 호텔 그 자체를 소비하려는 목적이 뚜렷한 것으로 나타났다.

흥미로운 사실은 고객들은 다양한 스마트기술에 기반한 서비스를 잘 인식하고 있지만 상대적으로 그 중요도를 낮게 평가하고 있었다는 점이다. 이는 기대와는 달리 호캉스 고객들조차도 스마트호텔의 다양한 서비스 경험에 큰 비중을 두고 있지 않다는 것이다.

2. 서비스로봇: 오싹하거나 멋지거나

다양한 디지털 서비스 중에서도 고객들이 쉽게 접할 수 있는 것은 국내외 사례에서 살펴본 바와 같이 프론트데스크의 키오스크나 휴머노이드 형태의 로봇, 객실에 비치된 음성인식 인공지능스피커와 딜리버리로봇 등이다. 호텔의 기대와는 달리 이러한 서비스에 대한 고객의 반응은 엇갈리고 있는 편이다. 불쾌한 골짜기 이론에서도 나타난 바와 같이 사람을 닮은 로봇은 고객에게 호감보다는 무섭게 느껴지는 경우가 많다. 특히 객실 내에 비치된 서비스로봇의 카메라는 고객들에게 감시당하고 있다는 느낌을 주기도 한다. 음성인식 인공지능스피커의 경우 갑자기 기능이 활성화되거나 고객과의 대화를 저장하는 기능으로 고객들에게 프라이버시 침해에 대한 우려(Privacy concern)를 낳는다. 스마트호텔에서 제공되는 디지털 서비스의 기능이 다양해질수록 고객들은 오히려 오싹함(Creepy)을 느낀다는 것이다.

[그림 8-4] 아마존의 알렉사 인공지능스피커

3. 스마트호텔을 통해 고객의 경험을 향상시키려면

국내의 사례에서 이미 살펴본 바와 같이 현재 도입하고 있는 디지털 서비스의 유형은 대부분 매우 유사하다. 호텔의 유형이나 등급, 고객들이 누구인지와 상관없이 천편일률적인 디지털 서비스가 제공되고 있음을 시사한다. 스마트호텔을 추진함에 있어서 운영의 효율성을 높이기 위해 디지털 기술을 도입하더라도 고객에게 미칠 영향을 면밀하게 검토할 필요가 있다. 고객의 경험을 향상시키기 위한 디지털 서비스를 추진할 경우에도 해당 서비스가 고객에게 어떻게 수용될지 고민해야 한다. 정보시스템 연구 분야에서 널리 사용되고 있는 업무기술적합도(Task-Technology Fit) 이론은 특정한 업무를 수행하는 데 필요한 기술이 해당 업무의 요구사항을 얼마나 잘 충족하는지를 평가하는 중요한 이론이다. 이 이론은 업무와 기술의 특성이 잘 맞아떨어질 때 사용자의 성과가 향상된다고 가정하고 있다. 스마트호텔에서는 업무와 기술뿐만 아니라 호텔의 유형이나 등급, 고객의 특성까지 잘 맞아야 호텔이 추구하는 업무의 효율성이나 고객과의 친밀성을 향상시킬 수 있다.

상품, 서비스 이상의 기억이 중요!

스마트호텔을 추진하는 데 있어 종업원과 고객은 관점에 따라 고려사항이 다르지만, 긍정적인 측면만 존재하는 것이 아니라 부정적인 측면도 동시에 고려해야 함을 강조하였다. 스마트호텔은 고객의 경험을 증진시켜 호텔의 경쟁력을 강화하는 것이 중요한 목표이다. 따라서 스마트호텔이 제공하는 경험이 진정으로 호텔의 경쟁력을 높이기 위해서는 어떤 노력이 필요한지 알아보기로 한다.

1. 모든 즐거운 경험을 어떻게 더 기억에 남게 만드는가

스마트호텔이 제공하는 다양한 서비스는 역사적으로 다양한 비즈니스 논리의 관점에서 생각해 볼 수 있다. 대량생산 시대에는 제품을 효율적으로 생산하고 대량으로 유통하는 상품지배논리(Goods-Dominant Logic)가 유효했다. 그런데 제조업 중심에서 서비스업 중심으로 경제가 전환되면서 단순한 제품제공이 아닌 고객의 요구와 만족에 초점을 맞춘 서비스지배논리(Service-Dominant Logic)의 중요성이 증가했다. 이후 경험경제(Experience economy)의 부상으로 단순한 서비스 제공을 넘어서 고객의 전체 경험을 중시하는 고객지배논리(Customer-Dominant Logic)로 변화되었다. 경험경제(Experience economy)를 제안한 파인과 길모어(Pine and Gilmore)는 서비스는 단순한 소비에서 오는 만족감이 아니며, 그것을 어떻게 개인화하는지에 따라 가치가 창출될 수 있다고 주장하였다. 그런데 이들은 어떤 즐거움도 기억에 남는 경험이 된다고 가정하고 있으나, 경험이 어떻게 기억으로 전환되는지는 충분히 설명하지 못했다. 이에 따라 최근에는 고객의 경험을 넘어서 그 경험을 어떻게 기억으로 남길 것인지에 대한 기억지배논리(Memory-Dominant Logic)가 주목을 받고 있다.

논리	상품지배논리	서비스지배논리	고객지배논리	기억지배논리
가치 제안	교환가치	사용가치	경험가치	기억가치
특징	거래, 공동생산	신뢰성, 일관성, 반응성, 공동창출 →	심미적, 오락적, 교육적, 일탈적	인게이지먼트, 감정, 환기
주요 촉진 요인	← 조직적 ↔	상황적 ↔	개인적 →	
안내 프로세스	← 표준화 ↔	유연성 ↔	고객맞춤화 →	
고객 상태	교환중심 ↔		경험중심 ↔	회상중심

[그림 8-5] 비즈니스논리의 진화*

* Harrington, R. J., Hammond, R. K., Ottenbacher, M. C., Chathoth, P. K., & Marlowe, B., *From goods-service logic to a memory-dominant logic: Business logic evolution and application in hospitality*, International Journal of Hospitality Management 76, 2019, pp. 252-260.

2. 기억지배논리는 왜 중요할까?

기억지배논리는 그동안의 비즈니스논리와는 달리 기억가치(Value in memory)를 중시한다. 이는 고객이 단순히 서비스를 소비하는 데에서 그치는 것이 아니라, 그 경험이 오래도록 기억에 남아 가치를 갖는다는 의미이다. 기억지배논리는 참여(Engagement), 감정(Emotions), 환기(Evocation)를 중시한다. 또한, 개인 차원에서의 경험을 중시하며, 고객맞춤화를 통해 유연하게 고객의 요구에 대응하는데 이 과정에서 고객은 감정적으로 더 고조된다. 이러한 즐거운 감정과 서비스에 대한 관찰을 통해 고객은 경험을 긍정적으로 회상하게 되며 이는 기억에 남는 경험으로 전환된다. 이를 통해 고객은 행복감, 삶의 만족도, 전반적인 웰빙에 대한 인상을 향상시킨다. 이를 통해 고객은 소셜미디어와 입소문 등을 통해 자신의 긍정적인 경험을 공유한다. 결국 호텔은 고객의 충성도를 높이고 새로운 고객을 유치할 수 있게 되며, 이러한 순환적 과정을 통해 경쟁력을 갖추게 된다.

[그림 8-6] 경험이 오래도록 기억에 남아 가치를 갖는다

3. 스마트호텔의 경험을 어떻게 기억으로 남길까

스마트호텔은 기존의 호텔보다 고객의 감정을 자극하고, 깊은 참여를 유도하며 기억에 남을 만한 순간을 창출하는 데 유리한 환경을 갖고 있다. 싱가폴 리츠칼튼 호텔에서 증강현실을 통해 호텔이 보유한 다양한 예술품을 간접 체험할 수 있도록 하는 것처럼, 고객이 오랫동안 기억할 수 있도록 하는 감각적 경험을 강화하는 노력이 필요하다.

또한 고객의 취향을 반영한 개인화된 음료, 메시지 등을 준비하고 호텔의 역사와 특색을 스토리텔링하여 고객이 단순한 숙박이 아니라 독특한 경험을 즐겼다는 인식을 주는 것이 중요하다. 무엇보다도 고객과 소통을 잘 하는 것은 고객이 지속적으로 해당 호텔에 대한 좋은 이미지를 갖고 향후에도 재방문할 수 있는 계기가 될 것이다. 스마트호텔은 이제 시작이다.

[그림 8-7] 예술작품이 살아나는 증강현실 경험(싱가폴 리츠칼튼 호텔)

PART 9.

디지털 전환과 지속가능성을 위한 도전, 스마트MICE

MICE 산업은 높은 부가가치를 창출하는 관광 분야로, 디지털 전환과 지속가능성은 이 산업의 미래 경쟁력을 좌우하는 핵심 요소로 부상하고 있다. 스마트MICE는 하이브리드 기술, 데이터 기반 운영, 친환경 설계 등을 통해 변화하는 시장 요구에 대응하고 있다. 본 장에서는 스마트MICE가 디지털 전환과 지속가능성을 어떻게 실현해 가고 있는지 국내외 사례를 바탕으로 살펴보고자 한다.

스마트MICE란?

AI 퍼스트 시대 MICE(Meetings, Incentives, Conferences, Exhibitions) 산업의 가장 큰 변화는 이른바 스마트MICE의 등장이다. 스마트MICE는 주최자의 입장에서는 다양한 디지털 기술을 이용하여 MICE 산업에 필요한 정보를 제공하고, 데이터 기반의 의사결정을 통해 MICE 행사의 성과를 분석하고 개선하고자 한다. 또한 참관객의 입장에서는 다양한 스마트기술을 이용하여 효율성과 편의성을 높일 수 있다. 이를 통해 MICE 산업의 지속가능한 성장을 도모하고 글로벌 경쟁력을 강화하고자 하는 목적이 있다.

1. 시장의 요구에 따른 도입

스마트MICE의 등장배경도 스마트호텔과 마찬가지로 4차산업혁명의 영향으로 말미암은 디지털 기술의 급격한 발전과 이러한 발전을 MICE에서도 활용하고자 하는 시장의 요구에 기인한다고 볼 수 있다. 현재 스마트MICE에서 사용되는 기술은 스마트호텔에 비해 비교적 더 광범위하다고 볼 수 있다. 그 이유는 MICE산업의 다양성과 함께 행사의

[그림 9-1] 프로모션 이벤트 로봇

기획, 유치, 준비, 개최 등 모든 과정에 디지털 기술을 접목해 고객맞춤형 서비스를 제공하고 전시 · 컨벤션 운영자, 행사주최자, 참가기업, 참관객 등이 모두 공동으로 활용할 수 있는 시스템이기 때문이다. 이러한 스마트MICE의 등장은 다음과 같은 여러 가지 요인들에 기인한다고 볼 수 있다. 첫째, 4차산업혁명 시대에 접어들면서 디지털 기술이 급격히 보급되어 사물인터넷, 빅데이터, 인공지능, 로봇, AR/VR과 같은 디지털 기술이 MICE 산업에 적용될 수 있는 가능성이 커지면서 이를 활용한 혁신적인 서비스에 대한 필요성이 대두되었다.

둘째, MICE 행사에 참여하는 고객들의 디지털 활용 역량이 증가함에 따라 고객들의 기대도 높아졌으며, 이 때문에 고객들에게 더 나은 경험을 제공하기 위한 MICE 산업의 노력도 중요해졌다. 이는 호텔산업이 스마트기술을 활용하여 '경험산업'으로 탈바꿈하려는 노력과 같은 맥락이라고 봐도 무방할 것이다. 셋째, 전통적인 MICE 운영방식은 시간과 비용이 많이 소요되는 경향이 있어 디지털화와 스마트화를 통해 운영 효

[그림 9-2] 스마트MICE 이미지

율성을 높이고 국제 경쟁력을 강화하는 쇄신이 요구되었다. 넷째, 코로나19로 오프라인 중심의 행사가 실질적으로 불가능해진 후 MICE행사는 비대면과 하이브리드로 진행되었다. 이러한 변화에 대응하기 위해 디지털 전환이 가속화되고 새로운 형태의 MICE 행사운영 방식이 도입되는 계기가 되었다. 끝으로 환경문제와 지속가능한 발전에 대한 관심이 높아지면서 MICE 행사에서도 친환경적이고 지속가능한 운영방식을 도입하는 것이 중요해졌고 스마트MICE를 통해 에너지 절약, 자원관리 등의 해결책이 더욱 주목을 받게 되었다.

2. 어떤 서비스를 제공할까?

스마트MICE는 행사 기획, 유치, 준비, 개최까지 모든 사업 과정에서 전시 · 컨벤션 운영자, 행사 주최자, 참가기업, 참관객이 활용할 수 있는 다양한 서비스를 제공한다. 통합 MICE플랫폼을 구축함으로써 MICE 행사를 등록하고 관리하고, 일정 및 장소를 효율적으로 관리할 수 있다.

[그림 9-3] 서울디지털재단이 조성한 '메타피스' 활용 회의 장면

특히 이러한 플랫폼은 모바일 앱과 연동되어 행사장에서 실시간으로 행사 정보를 확인할 수 있다. 또한 참가자의 등록 정보를 관리하고 참가자의 리스트를 효율적으로 관리할 수 있도록 지원한다. 플랫폼에 누적된 데이터는 행사에 참여한 참관객들의 정보와 참관행동을 분석하여 향후 행사를 위한 정보로 가공하여 더 나은 전략을 수립할 수 있도록 지원하고, 참가자의 성향 및 데이터를 분석하여 맞춤형 서비스를 제공하는 것도 가능하다. 오프라인 행사뿐만 아니라 '줌(Zoom)'을 이용한 온라인 화상 시스템을 통하여 하이브리드 행사 구현이 가능하며 메타버스(Metaverse) 공간에서 비대면 가상회의(Virtual Meeting)로도 진행할 수 있다.

한국에서는 스마트MICE 활성화 사업을 통해 MICE 산업의 글로벌 경쟁력 강화를 위한 디지털 전환을 지원하는 등 스마트MICE의 확산을 위해 노력하고 있다. 코로나19 동안 MICE 산업은 디지털 기술을 접목하여 새로운 사업으로의 전환 가능성을 확인하였다. 그 결과 스마트MICE는 국내외에서 다양하게 적용되고 확산되는 실정이다.

국내 스마트MICE의 사례

1. 지속가능한 컨퍼런스를 구현한 서울관광재단

서울관광재단은 UNWTO와 연계한 '2023 UNWTO 연계 지속가능한 관광 컨퍼런스(Seoul Sustainable Tourism Conference 2023)'를 개최하였다. '책임감 있게 소비하고 지속가능하게 여행하기'라는 주제로 개최된 컨퍼런스는 지속가능한 관광에 대한 가치를 확산시키기 위한 프로그램을 구성하였다. 특히 이 행사에서는 행사의 취지에 맞게 QR코드를 이용한 e-자료집을 제공하여 인쇄물을 일절 발행하지 않았으며, 100퍼센트 재활용할 수 있는 친환경 리드와 이름표가 사용되었다. 참관객들은 e-자료집을 확인할 수 있는 앱을 설치하면 되며, 여기에서는 학회 일정 등도 확인할 수 있다.

2. 티맥스소프트의 웨비나가 가능한 가상홍보관 컨퍼런스홀

기업용 소프트웨어 전문기업인 티맥스소프트는 메타버스 기반 디지털 마케팅 채널인 가상홍보관을 오픈했다. 이 가상홍보관에서는 3D 인터페이스를 적용한 메타버스상에서 고객과 밀접하게 상시 소통할 수 있

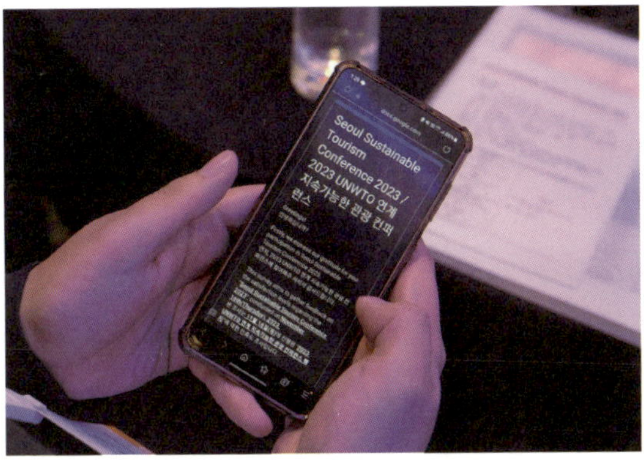

[그림 9-4] e-자료집을 보는 참관객

[그림 9-5] 웨비나가 가능한 티맥스소프트의 가상홍보관

다. 또한 웨비나(Webinar)를 여는 컨퍼런스홀과 제품 · 정책 교육영상, 브로슈어 등 회사의 특징을 잘 알릴 수 있는 콘텐츠를 생생하게 전달하는 전시홀을 입체적으로 구성하여 통합적인 디지털 마케팅 공간을 구현하고 있다. 디지털 대전환의 시기에 기업과 고객이 시공간의 제약 없이 언제 어디서든 사업의 기회를 발굴하고 비즈니스 가치를 창출하기 위해 가상홍보관과 같은 메타버스 역할이 새롭게 조명받고 있다.

3. 온오프라인에서 동시에 진행된 한국스마트관광학회 국제학술대회

스마트관광의 학문과 산업 연계를 통해 국제적 확산을 추구하고 있는 한국스마트관광학회는 국제학술대회 역시 스마트하게 진행하였다. 학술대회에 참가하는 발표자들은 미국, 독일, 호주, 인도 등 전 세계의 다양한 곳에서 줌(ZOOM)을 이용하여 접속할 수 있으며, 오프라인 행사장이 경희대학교 호텔관광대학 내에 마련되어 현장에서도 학회에 참석할 수 있다. 특히 전 과정을 유튜브 방송을 통하여 생중계하여 현장에 참석하지 않더라도 학회에 참가할 수 있는 환경을 제공하였다. 코로나 기간에 국내 학회들은 온라인 채널을 이용한 가능성을 확인하였으며, 이러한 가능성을 이제 본격적으로 국제 학술대회에도 적용하고 있다. 과거에는 국제 학술대회에 참석하기 위해 학술대회 등록비 외에도 항공료, 숙박료 등이 소요되었으며, 연사를 초청하는 데에도 큰 비용이 들었다. 이제 비대면 기술을 학술대회에 적용함으로써 비용은 줄이고, 효과는 높일 수 있는 전기를 맞이하고 있다.

4. 통합고객관리시스템을 개발한 광주관광공사

광주관광공사는 ㈜마이스허브와 민관협력사업으로 통합고객관리시스템인 'MYSIS(마이시스)' 개발에 착수했다. 마이시스의 핵심인 고객관계관리시스템은 현재 각 기관에서 운영하는 각종 시스템에 분산되어 있는 개인정보를 하나로 모아서 편리하고 안전하게 관리할 수 있도록 한다. 이를 토대로 전시장 및 회의실을 관리하는 대관시스템과 공사에서 주최하는 ACE Fair, 식품대전, 주류관광페스타 등 다양한 전시회 홈페이지를 구축해 고객의 정보관리와 관리자의 업무 효율화에 기여할 예정이다. 특히 전시컨벤션 분야보다 고객정보를 더 많이 수집하게 되는 특성

[그림 9-6] 오프라인 현장에서 발표하는 발표자와 현장 화면

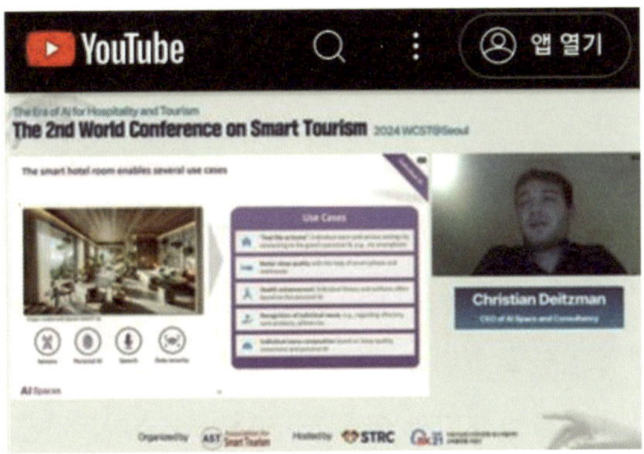

[그림 9-7] 국제 학술대회 유튜브 실시간 방송

을 가진 관광 분야에서도 마이시스의 활용도가 더 높아질 것으로 기대한다. 디지털 대전환 시대 관광 · 마이스산업에서 데이터 기반 고객관리 시스템의 중요성은 갈수록 높아지고 있다. 따라서 금번 개발은 공사의 디지털 경영체계 구축은 물론이고 업계의 정보화를 선도하는 모델로 성장하는 것이 중요하다.

이상의 사례를 통해 국내 스마트MICE 역시 다양한 스마트기술을 적

[그림 9-8] 마이시스가 도입될 김대중컨벤션센터 내부

용하여 참관객들의 경험을 증진시킴과 동시에 지속가능한 목표 달성을 위한 메타버스의 활용, 에너지 절감이나 종이 없는 회의를 지향한다는 점을 알 수 있었다. 또한 코로나 이후 비대면 기술을 활용한 저비용회의도 활발하게 도입하고 있다. 이와 같이 스마트MICE는 MICE 산업이 디지털 대전환의 환경을 대비할 수 있도록 다양한 스마트기술을 도입하여 효율성을 극대화하고, 참가자들의 편의성을 높이며, 글로벌 경쟁력을 강화하는 데 기여하고 있다.

국외 스마트MICE의 사례

다양한 스마트기술로 MICE 주최자의 의사결정을 개선하고 참관객들에게는 새로운 경험을 제공하여 스마트MICE는 MICE 산업의 경쟁력 제고를 도모하고 있다. 여기에서는 국외 스마트MICE의 구체적인 추진 현황을 소개한다. 이를 통해 스마트MICE 도입으로 MICE 산업들이 추구하는 방향은 무엇일지 알아보자.

1. 원하는 언어로 회의가 가능한 실시간 자동번역 시스템

캘리포니아주 길로이(Gilroy) 인구의 약 46퍼센트는 집에서 영어 외의 언어를 사용하고 있다. 그곳의 공무원들은 모든 주민이 중요한 정보를 편안한 언어로 주고 받을 수 있는 것을 목표로 하고 있으나 비용이 많이 들어 고민 중이다. 현재도 두 시간 이상 지속되는 회의는 500달러 이상이 소요되는 두 명의 통역사를 제공해야 하는 형편이다. 길로이는 회의를 더 매끄럽고 효율적으로 운영하기 위하여 AI 기반 번역도구인 워들리(Wordly)를 채택했는데, 이 서비스는 최대 30개 언어에 대한 실시간 텍스트 및 음성번역을 제공하여 두 시간의 회의 비용을 300달러 수준으

[그림 9-9] 워들리(Wordly)를 사용하는 사람과 회의실에서 제공되는 실시간 번역

로 낮췄다. 회의에 참석하는 주민들은 스마트폰을 사용하여 QR코드를 스캔하고 원하는 언어를 선택한 다음 라이브 번역본을 보거나 오디오를 수신할 수 있는데, 가정에서도 온라인으로 접속이 가능하다. 네바다주 노스 라스베가스에서도 동일한 서비스를 도입했는데 통역사를 통해 실현가능한 것보다 더 많은 언어 기능을 제공하고 있어 효용성이 높게 평가되었다.

2. 영국 옥소 타워에서 개최된 몰입형 자연 전시회

영국 옥소 타워(Oxo Tower) 비지하우스에서는 2023년 12월 무료 체험형 전시회가 개최되었다. 이 전시회의 특징은 관객이 몰입할 수 있는 감각적 설치물, 사운드스케이프, 대규모 사진 작품, 영화 등이 포함되었다. 이 전시회는 영화감독이자 작곡가이며 이머전스 매거진(Emergence Magazine) 창립자인 에마뉘엘 본리가 큐레이팅했는데, 참관객들이 북극, 오염된 강, 위기에 처한 아마존 열대우림과 전 세계의 다른 풍경을 체

[그림 9-10] HMD를 착용하고 몰입형 자연 전시회를 관람 중인 참관객

험할 수 있도록 하고 있다. 특히 북미에서 가장 조용한 곳 중 하나로 알려진 호우 열대우림의 가상현실 체험과 캄보디아 맹그로브숲 파괴의 영향에 대한 영화가 전시되었다. 기존의 전시가 주로 사진이나 영상으로 제공되었던데 비해 참관객들의 얼굴에 착용하는 디스플레이 장치인 HMD(Head Mounted Display)를 이용하여 새로운 경험을 제공한 점이 인상적이다.

3. 유엔개발계획의 첫 번째 로봇혁신대사 소피아

소피아는 유엔개발계획(UNDP)의 첫 번째 로봇혁신대사로 핸슨 로보틱스(Hanson Robotics)에서 제작하였으며 AI의 미래에 대한 꿈을 구현하는 중이다. 유엔통신기관에 따르면 소피아 같은 로봇은 사람들의 건강과 복지를 지원하고, 고품질의 교육서비스를 제공하고, 장애인을 도와 불평등을 줄이고, 낭비를 줄이고, 회복성 있는 인프라를 구축하는 데 도움이 되며, 사회적 이익을 전반적으로 증진할 수 있다고 간주되고 있다. 이

[그림 9-11] 로봇 소피아와 상호작용하는 모습

를 통해 UN의 17가지 지속가능발전목표(SDGs)를 포함한 글로벌 과제를 해결할 수 있는 전례 없는 기회를 제공하고 있다고 본다. 소피아는 감정을 인식하고 끊임없는 공감 능력을 보이며, 100개 이상의 언어를 이해한다고 한다. 소피아는 이미 UNDP 혁신대사로서의 역할 외에도 인기 있는 TV 프로그램에 출연했다. 또한 뉴욕의 UN 본부를 포함하여 전 세계 수백 개의 컨퍼런스에서 연설하였다.

4. 지속가능성을 지향하는 쿠알라룸푸르 컨벤션센터

쿠알라룸푸르 컨벤션센터는 통합 쿠알라룸푸르 시티센터(KLCC) 구역의 중심에 위치하고 있으며, 프리미엄 호텔, 대형 쇼핑몰, 상징적인 페트로나스 쌍둥이 빌딩으로 둘러싸여 있다. 센터는 최근 이벤트 기획자들이 독특하고 기술적으로 진보된 환경을 찾는 데 맞춰 혁신적인 회의 공간을 공개했다. 솔루션 패키지(SmartConnect@301)를 사용하여 BYOD(Bring-Your-Own-Device: 개인 소유의 스마트폰, 노트북 등을 업무에 활용) 문화를

[그림 9-12] 쿠알라룸푸르 컨벤션센터

활성화하고자 했다. 또한, 스마트오피스 시스템을 제공하여 행사 주최자가 에너지 절약 및 종이 없는 회의와 원활하게 연결할 수 있다. 이러한 노력으로 2023년부터는 재생에너지로만 센터가 가동되고 있으며, 2030년부터 전체 전력소비의 25퍼센트를 줄이는 것을 목표로 하고 있다.

이상의 국외 사례를 통해 스마트MICE는 다양한 스마트기술을 적용하여 참관객들의 경험을 증진시킴과 동시에 지속가능한 목표를 달성하기 위한 AI 로봇의 활용, 에너지 절감이나 종이 없는 회의를 지향한다는 점을 알 수 있었다.

PART 10.

스마트MICE를 통한 지속가능발전목표(SDGs) 달성

스마트MICE 산업은 국제 교류와 지식 공유의 장일 뿐 아니라, 지속가능발전목표(SDGs)를 실현할 수 있는 중요한 플랫폼으로 주목받고 있다. 스마트MICE는 디지털 기술을 활용해 자원 절감, 탄소 중립 운영, 포용적 참여 환경 등을 구현하며 지속가능성을 구체적으로 실천하고 있다. 본 장에서는 스마트MICE가 어떻게 글로벌 지속가능성 의제를 내재화하고 있는지를 살펴본다.

인프라 구축과 친환경 MICE의 필요성

국내외 스마트MICE 사례를 살펴보면, MICE 분야 역시 지속가능성(sustainability)을 핵심 가치로 삼아, 고객에게 차별화된 경험을 제공하고자 하는 방향으로 빠르게 진화하고 있음을 확인할 수 있다. 이러한 변화는 디지털 대전환의 시대를 대비하는 전략적 대응일 뿐만 아니라, 환경적 · 사회적 책임을 고려한 새로운 가치 창출의 일환으로도 해석할 수 있다. 특히, MICE 산업이 디지털화되고 스마트기술을 도입하기 위해서는 단순한 기술적용을 넘어서 다양한 전략적 고려 사항이 필요하다. 여기에서는 스마트MICE를 공급자(기업 및 운영주체)의 시각에서 바라보고, 이를 도입하고 확산시키는 과정에서 마주치는 핵심 이슈와 과제를 중심으로 살펴보고자 한다.

더불어, 스마트MICE의 추진은 유엔의 지속가능발전목표(SDGs) 달성과도 밀접하게 연결된다. 예를 들어, 책임 있는 소비와 생산(목표 12), 양질의 일자리와 경제성장(목표 8), 산업 · 혁신 · 인프라 구축(목표 9), 지속가능한 도시와 공동체 조성(목표 11) 등과 연계되어 있으며, 이는 MICE 산업이 단순한 비즈니스 플랫폼을 넘어, 지속가능한 글로벌 가치 실현의 장으로 거듭날 수 있는 가능성을 보여준다.

1. 스마트MICE 인프라 구축 및 유지

인천 송도컨벤시아에는 '스마트MICE' 라운지가 설치되어 가상현실을 통해 인천 관광시설을 체험하고, 또 홀로그램을 통해 인천시티버스 노선별 관광정보를 입체 영상과 자막으로 확인할 수 있다. 인천은 스마트MICE 조성사업을 수행하기 위해 4년간 80억 이상의 큰 비용을 투자한 바 있다.

이와 같이 스마트MICE를 성공적으로 추진하기 위해서는 최신 기술을 적용할 수 있는 인프라 구축이 필수적이다. 스마트MICE를 제공하기 위해서는 안정적인 네트워크 환경, 데이터 관리 시스템, 실시간 커뮤니케이션 도구 등 다양한 기술적 요구사항을 충족해야 하고, 또한 지속적인 기술 업데이트와 유지보수도 고려해야 한다. 따라서 스마트MICE를 제공하는 입장에서는 투자비용에 대한 충분한 검토가 필요하다. 서울시

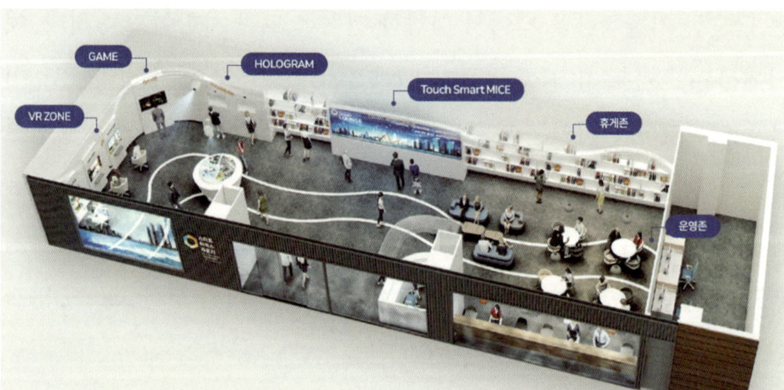

[그림 10-1] 인천 송도컨벤시아 스마트MICE 라운지

는 해외 관광객 3천만 시대를 목표로 '서울관광 활성화 계획(2022-2026)'을 발표했는데, 이 가운데 한 분야가 '첨단 MICE' 구축이다. 서울을 '지속가능한 스마트MICE 도시'로 만든다는 목표 아래 스마트MICE 기반 미래 성장기반조성, 융복합 MICE플랫폼 구축, 지속가능한 포용적 성장 생태계 조성, 글로벌 민관 거버넌스를 확충한다는 계획이다. 서울시에서 추진하는 이러한 계획은 스마트MICE가 자리 잡기 위해 매우 중요하다.

2. 지속가능성 및 친환경 MICE도 필수적

코로나19 이전 빠르게 발전하던 관광산업은 제조업이나 타 산업에 비해서 환경적으로 지속가능하다고 믿어졌다. 하지만 급속도로 관광객이 증가하면서 오버투어리즘 등의 이슈로 관광지가 오염되거나 관광객을 거부하는 현상까지 일어났다. 전 세계적으로 관광객을 유지하기 위해 인프라를 확충하고 관광객 편의를 중심으로 프로그램을 만들다 보니 심각한 환경 훼손과 부작용이 발생한 것이다. 이에 관광으로 인한 환경

[그림 10-2] 호주 멜버른 컨벤션센터 전경

오염은 전 세계적인 문제로 부상하고 있어 지속가능한 관광에 대한 관심이 쏠리고 있다. 이에 관광업계도 친환경 경영, 사회적 책임, 투명한 지배구조(Environment, Society, and Governance: ESG)를 중시하고 있다. 특히 MICE 산업은 대규모 전시컨벤션시설에서 사용되는 연료와 폐기물 문제, 수많은 MICE참가자들이 이동하는 비행기 및 자동차에서 나오는 이산화탄소와 매연 등을 고려해야 한다는 논의가 지속되고 있다. 2009년 개관한 호주 멜버른 컨벤션센터는 세계 최초로 환경등급 6등급을 받아 자연친화적 컨벤션센터 건설에 대한 글로벌 환경기준을 수립했다.

3. 참가자 경험 개선은 본질적인 이슈

스마트MICE를 공급하는 관점에서 가장 중요한 과제는 참가자들에게 어떻게 하면 차별화된 경험을 제공할 수 있는가 하는 것이다. 스마트 MICE 고객들은 미팅, 인센티브 관광, 컨벤션, 전시회 등의 다양한 행사에 참여하여 다양한 경험을 즐기기를 원한다. 스마트호텔에서 고객이 경험할 수 있는 공간보다 더 광범위하고 다양한 서비스 제공이 가능하다. 스마트MICE 기술을 활용해 개인화된 서비스, 실시간 피드백 시스템, AI 기반 상담 서비스 등을 제공함으로써 참가자들의 만족도를 높이고 재방문 의향을 끌어올리는 것이 필요하다.

한국관광공사에서 '2024 스마트MICE 활성화 사업' 공모를 위해 지원업계에 제시한 참관객들의 경험 여정 향상을 위한 서비스의 예를 살펴보면 스마트MICE를 통해 제공 가능한 서비스들을 엿볼 수 있다. AI를 활용한 챗봇, 자동통번역으로 맞춤형 서비스를 제공하거나 스마트 예약, 통합예약관리시스템으로 참관객의 편의성을 제공할 수 있다. 업무자동화솔루션이나 AR/VR과 같은 스마트기술을 도입하여 몰입형 경험

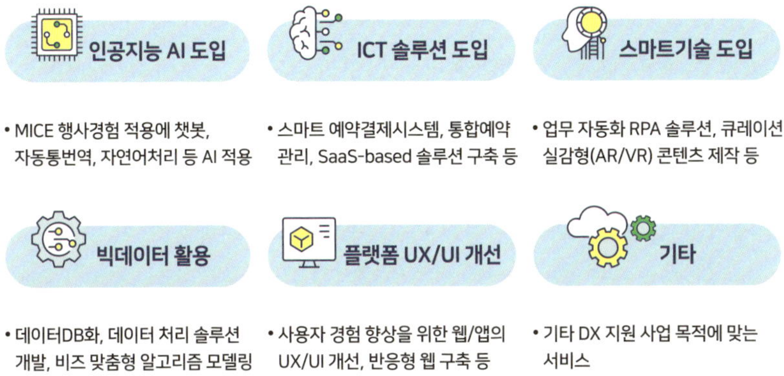

[그림 10-3] 스마트MICE에서 참관객들의 경험 여정 향상을 위한 서비스 예시

[출처] 한국관광공사

을 제공할 수 있으며, 빅데이터를 활용하여 참관객 맞춤형 서비스를 제공하는 것도 포함한다.

이외에도 스마트MICE를 도입하기 위해서는 고객들의 다양한 데이터 보안 및 개인정보 보호에 대한 이슈도 매우 중요하다. 다양한 참가자들의 국적에 따른 법적 규제나 표준 이슈도 준수할 수 있어야 한다. 예를 들어, 국내에 방문한 유럽인들의 개인정보를 활용하기 위해서는 유럽에서 만든 GDPR(General Data Protection Regulation, 일반 데이터 보호 규정)을 반드시 따라야 한다. GDPR은 유럽연합(EU)과 유럽경제지역(EEA)에 거주하는 개인의 개인정보를 보호하기 위한 법규로, 이 지역 내 거주자의 개인정보를 처리하는 모든 기업과 조직에 적용된다. 이 규정은 단순히 유럽 내에 위치한 기업뿐만 아니라, EU 거주자의 데이터를 처리하는 전 세계 모든 기업에도 적용되기 때문에 국내에 방문한 유럽인들의 정보를 활용할 경우 우리도 지켜야 하는 것이다.

앞서 살펴보았듯이 스마트MICE로의 전환은 필수적이다. 스마트MICE를 활용하는 고객 입장에서는 편하고 새로운 경험일 수 있지만, 이러한 서비스를 제공하기 위해서는 여러 가지 이슈와 과제들을 면밀히 검토할 필요가 있다. 굴뚝 없는 공장이라고 불리는 MICE 산업이 글로벌 경쟁력을 갖추기 위해서는 여러 가지 어려움을 극복해 나가야 한다.

스마트관광 대전환

융합과 확장이 스마트MICE의 미래

스마트MICE를 추진하는 데 있어서 공급자 입장에서는 인프라 구축 및 유지 이슈가 중요하다고 언급하였다. 또한 지속가능한 친환경 MICE를 통한 고객의 경험을 개선하는 것도 매우 중요하다. 이외에도 스마트MICE에서는 공간의 융합과 확장을 통한 새로운 비즈니스 모델이나 주요 이해관계자들과의 상호작용도 검토해야 한다. 이번에는 스마트 MICE 환경에서 고려해야 하는 비즈니스 모델과 주요 이해관계자 사이 상호작용에 대해 알아본다.

1. 스마트MICE 환경에서의 새로운 비즈니스 모델

정보통신기술(ICT)은 다양한 산업 분야에서 협업의 효율성을 높이고 유연한 네트워크 환경을 가능하게 함으로써, 기업이 보다 스마트한 방식으로 운영 성과와 경쟁력을 제고할 수 있도록 지원한다. 특히 관광산업에서는 ICT가 제도적 · 구조적 시장 혁신을 이끄는 핵심 동력으로 작용하고 있다. 이러한 변화 속에서 스마트MICE 환경에 놓인 기업은 기존의 비즈니스 모델을 새롭게 정의하고 재조정할 필요가 있다. 비즈니스 모델은 기업이 고객과 파트너에게 가치를 전달하고, 지속가능한 수익 흐름을 창출하기 위한 구조적 틀을 의미한다. ICT는 사용자 통합, 서비스 중심 설계, 핵심 역량 분석 등을 통해 이러한 구조에 변화를 가져오며 산업 전반의 재편을 유도한다. 비즈니스 모델 구성요소는 학자마다 차이가 있지만, 일반적으로는 고객 가치 제안(Customer Value Proposition), 목표 고객(Target Customer), 가치사슬(Value Chain), 전달 설계(Delivery Design), 수익 구조(Revenue Stream)로 요약된다. 스마트MICE 환경에서는 이 가운데 고객 가치 제안이 가장 핵심적인 요소로 간주되며, 접근 용이성, 사용 편의성, 성능 향상, 실시간 업데이트 등의 기능이 그 중심을 이룬다. 스마트MICE는 행사 준비 단계부터 운영, 사후 평가에 이르기까지 전 과정에서 '스마트기술'이 제공하는 혜택을 효과적으로 구현해야 한다. 구체적으로, 행사 이전 단계에는 기획, 디자인, 조직화 활동이 포함되며, 행사 진행 단계는 운영 및 현장 서비스 관리, 행사 이후 단계는 효과 측정, 데이터 기반 평가 및 후속 보고로 구성된다. 고객 가치 제안 다음으로 중요한 구성요소는 가치사슬(Value Chain)이다. 스마트MICE의 가치사슬에

[그림 10-4] 스마트MICE는 효과적인 협력과 유연한 네트워킹을 가능하게 한다

는 하드웨어 제작사, 소프트웨어 및 앱 개발사, 데이터 분석 기업, 초기 사용자 등 다양한 이해관계자가 유기적으로 연결되어 있다. 따라서, 스마트MICE를 추진하는 기업은 이러한 맥락에서 전략을 유연하게 재조정하고, 새로운 사업 기회를 적극적으로 발굴하며, ICT 기반으로 비즈니스 모델을 혁신적으로 설계할 필요가 있다.

2. 주요 이해관계자 간 상호작용의 확장

스마트MICE 생태계에는 다양한 이해관계자가 존재하며, 주요 주체로는 공급자(생산자, 출품자), 소비자(방문객, 참가자), 중개자(정부기관, 산업단체) 등이 포함된다. 정보통신기술(ICT)은 이들 각 주체 간의 상호작용을 가능케 하는 통합 플랫폼 및 커뮤니케이션 채널 역할을 하며, 개별적 요구에 대응하고 자원 공유를 실현하는 기반을 제공한다.

특히, ICT는 오프라인과 온라인 서비스를 유기적으로 연결함으로써 공급자와 소비자 간의 효율적인 의사소통을 지원하고, 상호작용을 강화한다. 또한 ICT 기반 시스템은 이들 간의 행동 및 서비스 데이터를 수

[그림 10-5] 미국 새너제이에서 열린 '갤럭시 언팩 2024' 행사 현장

집 · 분석하며, 중개자는 이 분석 결과를 토대로 보다 정확한 정책 결정 및 운영 전략 수립이 가능해진다. 나아가 이를 바탕으로 공급자와 소비자에게 맞춤형 피드백을 제공할 수 있다.

스마트MICE의 특징은 전통적인 이해관계자 간의 연결에 머무르지 않는다. 기술 산업, 유통 · 공급망, 업무 프로세스, 타 산업 분야 등 기존에 분절되어 있던 다양한 영역 간의 새로운 접점을 창출한다는 데 그 혁신성이 있다. 이러한 산업 간 융합과 연결 확장은 스마트MICE가 지속적으로 진화하고, 혁신적 성장을 이루는 원천으로 작용한다.

3. 공간을 융합하고 확장하는 스마트MICE

그동안 MICE 행사는 주로 호텔, 컨벤션센터 등 시설이 잘 갖추어진 정형화된 오프라인 공간에서 개최되어왔다. 그러나 최근에는 그 공간적 개념이 변화하고 있다. 코로나19 팬데믹 이후, 전시와 국제회의를 포함한 다양한 MICE 활동이 물리적 장소를 넘어 온라인 환경으로 확대되며, 하이브리드 및 비대면 기반의 새로운 운영 방식이 보편화되고 있다.

이러한 공간적 전환은 단순한 오프라인-온라인의 병행을 넘어, 문화 및 예술과의 융합을 통한 비즈니스모델의 진화로도 이어지고 있다. 예컨대, 〈제5차 국제회의산업 육성 기본계획(2024~2028)〉에서 제시한 'K-컬처와 국제회의의 융합' 전략은 한국의 전통문화와 현대 콘텐츠, 지역 자원 등을 국제회의 산업에 접목하여 새로운 형태의 문화 · 경제 · 사회적 가치 창출을 도모하려는 시도라 할 수 있다. 이와 유사하게, 미국 텍사스주 오스틴시에서 매년 개최되는 SXSW(South by Southwest) Conference & Festivals는 문화예술, 기술, 스타트업 비즈니스가 결합된 대표적인 사례다. 이 행사는 창의적 프로젝트와 혁신 기술, 새로운 비즈니스 모델

[그림 10-6] 2024 SXSW Expo Innovation Award Winner

을 실험하는 플랫폼으로 기능하며, 참가자 간의 활발한 지식 교류와 네트워킹 기회를 제공한다. 그 결과 오스틴시는 행사 기간 동안 상당한 경제적 부가가치를 창출하고 있으며, 동시에 도시의 문화적 브랜드 가치와 글로벌 경쟁력을 강화하는 데도 기여하고 있다.

스마트MICE는 산업뿐만 아니라 다양한 영역과 다른 기업과의 원활한 소통을 전제로 한다. 이를 위해 스마트MICE에서 융합과 확장은 매우 중요한 이슈이자 과제이다. MICE 각 영역 및 산업과의 융합으로 새로 태어난 회의와 전시가 스마트MICE의 미래를 이끌 것이다.

지속가능발전목표의 달성

AI 퍼스트 시대는 우리의 일상과 비즈니스 환경을 디지털 기술 중심으로 재편하고 있다. 이러한 변화는 특히 MICE 산업에 큰 파장을 일으키고 있다. 이제 MICE는 기술적 혁신과 더불어 지속가능성이라는 중

[그림 10-7] UN이 제시한 17가지 지속가능발전목표(SDGs)

요한 가치와 결합되어야 한다. 그러나 기술 중심의 접근만으로는 한계가 있다. 전 세계적으로 부각되고 있는 지속가능발전목표(Sustainable Development Goals: SDGs)는 스마트MICE의 발전 방향에 새로운 기준을 제시한다. 특히 탄소 배출 감소, 자원 효율화, 포괄적 경제성장과 같은 SDGs는 단순히 이념적 가치가 아니라, 산업의 생존을 좌우하는 현실적인 문제로 떠오르고 있다.

1. 디지털 전환이 가져온 MICE 산업의 변화

MICE 산업은 그 자체로 복잡한 생태계를 구성한다. 기업의 마케팅 전략, 도시의 경제적 이익, 참가자의 경험과 같은 다차원적 요소가 얽혀 있다. 이런 환경에서 디지털 기술은 중추적인 역할을 한다. 과거에는 오프라인 행사와 네트워킹에 의존했던 산업이 이제는 하이브리드 방식의 행사를 통해 새로운 기회를 모색하고 있다. 스위스 다보스에서 열리는 세계경제포럼(World Economic Forum)이 대표적인 사례다. 팬데믹 이후, 이

[그림 10-8] 2024 세계경제포럼 플랫폼: 가상현실이 이끄는 글로벌 협력 마을

포럼은 디지털 플랫폼을 활용해 전 세계에서 참여할 수 있는 가상회의 모델을 도입했다. 이를 통해 참석자들은 물리적 이동 없이도 논의에 참여할 수 있었고, 이는 비용절감과 탄소배출 감소라는 긍정적 결과를 가져왔다. 이 사례는 SDG 9번(산업, 혁신과 인프라) 및 SDG 13번(기후변화 대응)과 밀접하게 연결된다.

2. 지속가능발전목표와 MICE 산업의 연결

디지털 기술이 MICE 산업의 미래를 재정의하고 있다면, 지속가능성은 그 방향을 정하는 나침반과도 같다. SDGs의 17개 목표 중에서도 SDG 12번(지속가능한 소비와 생산)과 SDG 13번(기후변화 대응)은 MICE 산업과 직접적으로 연결된다. 실제로 국제적으로 열리는 대규모 전시회와 회의는 막대한 탄소 배출을 동반한다. 항공 이동, 호텔 숙박, 행사 준비에 사용되는 자원은 지속가능성이라는 관점에서 재검토되어야 한다.

이와 관련해 독일 프랑크푸르트에서 열린 '2024 IMEX 전시회(IMEX

[그림 10-9] IMEX Frankfurt 2024

Frankfurt 2024)'는 지속가능성을 실현하려는 MICE 산업의 성공적인 사례로 주목받는다. 이 전시회는 탄소 배출을 줄이기 위해 재생가능한 에너지를 사용하는 전시장과 디지털 참가자 관리 시스템을 도입했다. 동시에, 플라스틱 사용을 줄이기 위해 재활용 가능한 전시 재료를 사용했다. 이러한 노력은 SDG 12번(지속가능한 소비와 생산), SDG 13번(기후변화 대응), SDG 7번(지속가능한 청정에너지)과 연결된다. 이러한 노력을 통해 IMEX는 지속가능성이라는 글로벌 기준에 부합하면서도 참가자들의 높은 만족도를 유지할 수 있었다.

3. 스마트MICE의 기술적 가능성과 도전 과제

스마트MICE는 단순히 기술적 혁신에 머물지 않는다. 그 본질은 지속가능성과 맞닿아 있다. 이는 단순히 환경적 책임을 넘어 사회적 가치와 경제적 효율성을 통합하는 방향으로 나아가야 한다는 것을 의미한다. 여기서 중요한 점은 지속가능성은 더 이상 선택이 아니라 필수라는 것이다. 이는 참가자들이 점점 더 윤리적 소비를 선호하는 경향에서도 확인할 수 있다. 특히 젊은 세대는 기업과 산업이 지속가능성을 어떻게 실천하는지에 대해 민감하게 반응한다. 이는 SDG 8번(양질의 일자리와 경제성장) 및 SDG 10번(불평등 해소)과도 관련이 있다. 그러나 스마트MICE를 현실화하기 위해서는 여러 도전과제가 따른다. 디지털 기술의 발전 속도는 빠르지만, 이를 수용할 수 있는 환경과 인프라가 항상 준비되어 있지는 않다. 데이터 보안 문제, 초기 투자 비용, 참가자와의 인간적 연결성을 유지하려는 노력은 모두 스마트MICE가 해결해야 할 과제다.

4. 정부, 기업, 학계의 협력을 통한 미래 전략

스마트MICE와 지속가능성을 실현하기 위해서는 정부, 기업, 그리고 학계의 협력이 필수적이다. 정부는 정책적으로 지속가능성을 장려하는 동시에 디지털 전환을 지원해야 한다. 기업은 기술적 혁신과 지속가능성을 실천하는 동시에 이를 마케팅 전략에 반영할 필요가 있다. 학계는 이를 뒷받침하는 연구와 데이터를 제공하여 정책과 비즈니스 전략이 현실적이고 효과적으로 구현될 수 있도록 도와야 한다. 이러한 협력은 SDG 17번(글로벌 파트너십)의 핵심이기도 하다. 예를 들어, 한국 정부는 스마트관광도시 조성사업을 통해 MICE 산업에서도 디지털 기술과 지속가능성을 융합하려는 노력을 기울이고 있다. 이는 디지털 기술을 활용

[그림 10-10] 스마트MICE와 SDGs 구현

해 지역 경제를 활성화하는 동시에 지속가능한 운영 모델을 도입하려는 시도다. 이러한 정부의 지원은 스마트MICE가 지역 경제와 글로벌 시장에서 경쟁력을 확보하는 데 중요한 역할을 한다.

이처럼 스마트MICE와 SDGs는 AI 퍼스트 시대에 MICE 산업이 나아갈 방향을 제시한다. 디지털 기술은 혁신의 도구로, 지속가능성은 그 목적지로 작용한다. 두 가지가 결합될 때 MICE 산업은 단순한 비즈니스 이벤트를 넘어, 환경적, 사회적, 경제적 가치를 창출하는 플랫폼으로 자리 잡을 수 있다. 이는 단기적인 이익을 넘어 장기적인 지속가능성을 추구하는 MICE 산업의 진정한 전환점을 의미한다. 스마트MICE는 미래의 가능성을 열어줄 열쇠다. 이를 통해 우리는 디지털 기술과 지속가능성이라는 두 축을 기반으로 더욱 의미 있는 변화를 만들어나갈 수 있을 것이다.

PART 11.

스마트관광콘텐츠의 진화, 스마트공연예술

공연예술은 관광객에게 강한 인상을 남기는 핵심 콘텐츠 중 하나이며, 최근에는 기술과 융합되어 몰입감 있는 새로운 문화체험으로 진화하고 있다. 스마트공연예술은 XR, AI, 인터랙션 기술을 바탕으로 무대와 관객 사이의 경계를 허물며, 관광콘텐츠로서의 확장 가능성을 보여준다. 본 장에서는 스마트공연예술이 어떻게 스마트관광콘텐츠의 미래를 이끌고 있는지를 살펴본다.

스마트관광 대전환

스마트로 연결되는 새로운 관광콘텐츠의 시대

AI 퍼스트 시대를 맞이하여 스마트호텔, 스마트MICE 등이 많은 관심을 받고 있지만 스마트관광은 이제 이를 넘어 다양한 관광콘텐츠를 연결하여 새로운 가치를 창출하고 있다. 한국의 관광산업을 전략적으로 활성화하기 위해서는 관광상품과 서비스의 차별화가 필수적이며 이를

[그림 11-1] 스마트기술이 가져온 K-관광콘텐츠의 진화

위해서는 K-컬처의 영향력을 다시 한번 살펴보고 내·외국인 관광객에 대한 콘텐츠 접근성을 높여야 한다. 특히 지역을 중심으로 관광상품과 서비스를 개발하여 지역관광산업의 생태계를 복원하고 지역관광 활성화를 이끌어내야 한다.

1. 스마트기술이 가져온 관광콘텐츠의 변화

관광콘텐츠는 스마트기술을 만나 다양한 형태로 변모하고 있다. 예를 들어, 축제와 공연예술 분야에서는 증강현실(AR)과 가상현실(VR)을 활용해 현장에 오지 못한 관광객에게도 몰입감 있는 경험을 제공할 수 있다. 또한, 전통문화는 디지털 기술을 통해 생동감 있게 표현되며, 스마트 디바이스를 통해 문화재와 유적지의 숨겨진 이야기를 실시간으로 전달할 수 있다. 미식 관광은 지역 특산물의 생산 과정과 역사적 배경을 디지털 콘텐츠로 보여줄 수도 있다.

'따릉이' 같은 공유자전거는 관광객들에게 교통수단 이상의 새로운 경험을 선사하고 있으며, 야간관광은 스마트 조명 시스템과 안전 기술을 통해 관광객의 만족도를 높이고 친환경적 관광 방식을 지원한다. 웰니스 관광은 헬스케어 기술과 결합해 개인 맞춤형 힐링 경험을 제공한다. 마지막으로, 산업 관광과 전적지/DMZ 관광은 AR 기술로 산업 현장과 역사적 공간에 대한 이해를 높이고 몰입감 있는 학습 기회를 제공한다. 이러한 다양한 콘텐츠는 단순한 소비를 넘어 관광객과의 정서적 연결을 강화하며 관광의 가치를 새롭게 정의한다.

2. 스마트관광콘텐츠의 경제적 및 사회적 효과

스마트로 연결되는 관광콘텐츠, 즉 스마트관광콘텐츠는 관광객에게

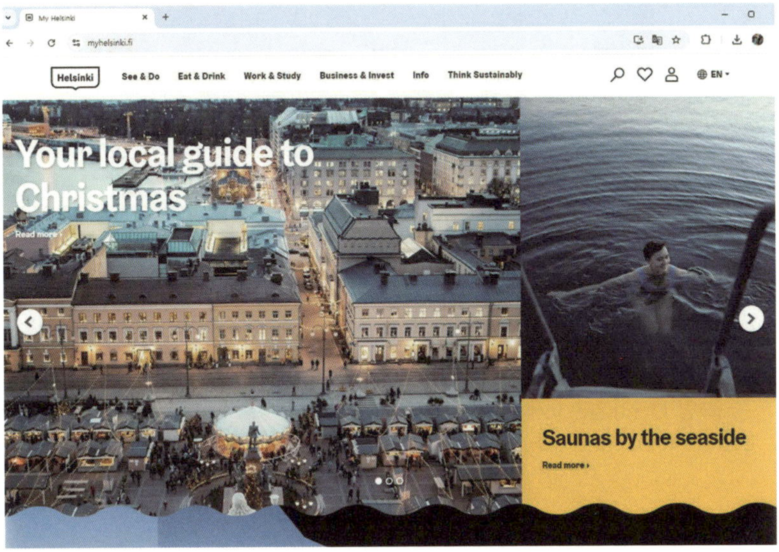

[그림 11-2] 핀란드 헬싱키의 지역관광정보 플랫폼

새로운 경험을 제공할 뿐 아니라, 지역 경제와 사회에도 긍정적인 영향을 미친다. 디지털 기술을 활용한 관광은 지역 소상공인의 참여를 유도하고 로컬 경제를 활성화하는 데 기여할 수 있다. 2019년 스마트관광도시로 선정된 핀란드 헬싱키는 전통 사우나 문화를 재창조하여 관광자원으로 활용하고 있다. 또한, 헬싱키 내 호텔 객실의 75퍼센트가 친환경 인증을 획득하여 지속가능성을 강화하고 있기도 하다. 2009년부터는 정부 공공데이터를 개방하고 지역관광정보 플랫폼인 MyHelsinki.fi를 개설하여 지역관광정보에 대한 접근성을 높여 지역 소상공인의 참여를 유도하고 로컬 경제를 활성화하는 데 기여하고 있다.

특히 미식 관광과 전통문화 콘텐츠는 지역 특산물과 장인정신을 홍보하며 지역 브랜딩을 강화하는 역할을 한다. 더불어, 이러한 스마트기

[그림 11-3] 일본 이세시마 지역의 방문객을 지원하기 위해 고안된 전동휠체어

술은 관광객의 편의성을 극대화하며, 장애인이나 노년층과 같은 다양한 그룹이 관광에 쉽게 접근할 수 있도록 한다. 일본의 이세시마(伊勢島)지역의 '배리어프리 투어센터'는 장애인과 고령자가 자유롭게 여행할 수 있는 환경을 만들기 위해 숙박시설의 유니버설 디자인 룸을 설계하고 휠체어 대여서비스 등을 제공하고 있다. 사전 연락 시 헬퍼(Helper)라고 불리는 도우미 2-4명이 짝을 만들어 도움을 주고 있으며, 자갈이 깔려 일반 휠체어가 움직일 수 없는 곳에서는 타이어가 두꺼운 신사 전용 전동 휠체어를 제공하기도 한다.

스마트관광은 환경 지속가능성에도 기여한다. 예를 들어, 자전거 관광과 웰니스 관광은 탄소 배출 감소에 기여하며, 디지털 기술로 관리되는 야간 관광은 에너지 소비를 효율적으로 줄인다. 서울시는 2024년 1년간 시민들이 공유자전거인 따릉이를 타면서 줄인 온실가스가 연간 962톤 규모라고 밝힌 바 있다. 거주민들이 공유자전거를 많이 활용하고, 관광객들도 그 공유자전거를 관광목적으로 활용한다는 점에서 이러한 성과는 매우 고무적이다. 특히 DMZ 관광과 전적지 관광은 역사적 의미를 재조명하고 평화와 화합의 메시지를 전달한다. 이러한 효과는 스마트관광콘텐츠가 기술 도입을 넘어 지속가능성과 사회적 포용성을 동시에 추구한다는 점에서 중요성이 더욱 부각된다.

스마트기술은 이미 관광콘텐츠에 깊숙하게 자리 잡고 있다. 이러한 다양한 사례를 살펴보면 차별화된 관광상품과 서비스를 개발하는 데 도움이 될 것이다. 여기에 생성형 인공지능과 대규모 언어 모델 등 차세대 기술까지 더하여 언어와 환경의 제약 없이 누구나 편리한 한국 여행을 즐길 수 있는 환경이 되어가고 있다.

스마트공연예술도 스마트관광이다

AI 퍼스트 시대 스마트관광에서는 차별화된 콘텐츠가 중요하며 이러한 변화의 또 다른 중심에 스마트공연예술(Smart Performing Arts)이 있다. 스마트공연예술이란 디지털화와 스마트기술을 활용하여 관객들에게 새로운 형태의 관람경험을 창출하는 것을 의미한다. 스마트공연예술에서는 물리적인 공간에 디지털 기술을 적극적으로 도입한다. 한편, 공간적 제약을 뛰어넘어 온라인 스트리밍, 가상현실, 증강현실과 같은 새로운 플랫폼에서도 구현될 수 있다.

1. 스마트공연예술의 등장배경

21세기 정보통신기술의 비약적인 발전과 함께 예술계에도 디지털화의 바람이 불고 있으며, 특히 4차산업혁명이 가져온 기술의 혁신은 공연예술의 경계를 확장하고 새로운 공연예술의 방식을 구현할 수 있게 되었다. 과거 공연예술은 주로 극장이라는 물리적인 공간에서 이루어졌으며 무대 위에서의 라이브 연기를 관람객이 현장에서 감상하는 전통적인 방식이 주를 이루었다. 그러나 최근 디지털 기술의 발전으로 공연예술

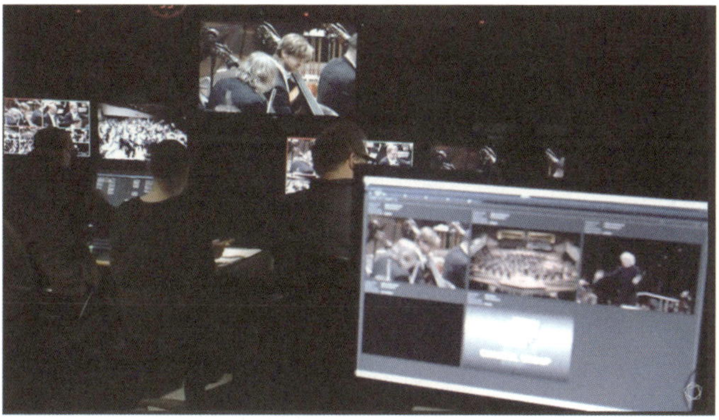

[그림 11-4] 베를린필 디지털콘서트홀

분야의 창작, 제작, 유통, 소비 전반에 스마트화가 이루어지고 있다. 공연예술은 공간적 제약을 뛰어넘어 온라인 스트리밍, 가상현실, 증강현실과 같은 디지털 플랫폼에서도 구현될 수 있다. 또한 오프라인에서도 극장의 무대배경을 디지털 이미지로 구현한다던지, 입장권을 온라인 시스템을 이용하여 예약하고 현장에서는 QR코드 형태로 발권한다.

특히 코로나19는 공연예술 분야에서 스마트기술의 도입이 더욱 가속화되는 계기가 되었다. 사회적 거리두기와 같은 방역지침으로 인해 대면공연이 어려워지자 많은 예술단체와 공연기획자들은 디지털 공연과 하이브리드 형식의 무대를 실험하기 시작하였다. 이러한 변화는 코로나19 이후에도 지속되고 있다. 그래서 단순히 임시적인 대안에 그치는 것이 아니라 공연예술의 새로운 표준으로 자리 잡을 것으로 보인다. 또한 현대 관객들은 수동적인 관람객이 아니라 여타 관광 분야에서 나타난 바와 같이 더 몰입적이고 상호작용적인 경험을 원한다. 스마트기술의 발전은 이를 가능하게 하며 공연예술은 관람객의 참여와 상호작용을 중시하는 방향으로 변화할 수밖에 없다.

이러한 변화는 코로나19 이전부터도 공연예술의 대중화 차원에서도 시도된 바 있다. 공연예술작품을 촬영하여 영화관 등에서 생중계하거나 녹화하여 상영하는 '라이브시네마' 방식이 등장하였으며, 2008년부터 베를린 필하모닉은 '디지털 콘서트 홀'이라는 이름으로 집에서 즐길 수 있는 온라인 스트리밍 서비스를 도입하기도 했다. 예술의전당에서도 2014년부터 '싹온스크린(SAC on Screen)'이라는 이름으로 공연예술을 영상화하여 배급하는 사업을 진행하기도 하였다. 스마트기술의 확산과 새로운 변화를 요구하는 고객의 니즈가 결합되어 이제 공연예술은 새로운 시장을 만들어내고 있다.

2. 스마트공연예술은 어떤 서비스를 제공할까

앞에서도 언급하였지만 스마트공연예술 중에서 가장 앞서고 있는 서비스는 온라인 공연상연 등 비대면 공연문화의 확산이라고 볼 수 있다.

[그림 11-5] 스마트공연예술이 만드는 새로운 공연서비스

공연예술작품을 촬영하여 극장에서 상영하거나 또는 유튜브를 통하여 공연 스트리밍 서비스를 제공하는 방식이 일반화되고 있다. 가상현실과 증강현실 기술 등을 활용하여 실제 오프라인 극장인 것처럼 느낄 수 있는 경험을 제공하거나, 디지털 아바타를 이용하여 홀로그램 콘서트를 제공하기도 한다. 오프라인 극장에서도 증강현실 기술을 통해 관객이 공연 중 특정 장면에 가상의 대상을 실시간으로 감상할 수 있는 기술이 도입되고 있다. 전통적인 무대장치는 한정적인 공간 안에서 한정적인 형태의 배경만 제공이 가능했지만, 이제는 다양한 디지털 기술을 활용하여 공간의 한계를 벗어나 시각적 몰입감을 제시할 수 있게 되었다.

3. 스마트공연예술의 전망

스마트공연예술은 기존의 공연예술이 제공하기 어려웠던 새로운 차원의 경험을 제공하고 있다. '관람객'들은 단순히 공연을 관람하는 객체에서 벗어나 공연의 일부로 참여하는 주체적인 '관람자'로 전환되는 것

[그림 11-6] AR 라이브 중계, 프로젝션 매핑 기술 등이 사용된 무용 '루시드 드림Ⅱ'

이 가능하며, 인터랙티브 기술의 발전으로 관객이 공연의 스토리라인에도 영향을 미칠 수 있게 될 것이다.

또한 스마트공연예술은 온라인 플랫폼을 통해 전 세계 관객에게 접근할 수 있는 기회를 만들어 인바운드 관광객의 활성화에 큰 영향을 준다. 이는 최근에 각광을 받고 있는 K-팝, K-드라마, K-영화 등에서도 알 수 있다. 향후에는 메타버스 같은 가상공간에서 공연하는 것이 오히려 자연스러운 날이 올 수도 있다.

PART 12.

무대 위의 혁신, 스마트공연예술의 동향

스마트공연예술(Smart Performing Arts)은 예술성과 기술이 융합된 창의적 표현의 장으로, 무대 연출, 관객 참여, 콘텐츠 유통 방식까지 근본적으로 변화시키고 있다. 국내외에서는 메타버스 공연, 로봇 배우, 실시간 관객 반응 기반 인터랙티브 공연 등 다양한 시도가 이어지며 새로운 공연 생태계를 형성하고 있다. 본 장에서는 스마트공연예술의 주요 동향과 그 의미를 조망한다.

스마트관광 대전환

국내 스마트공연예술 사례

1. 게임음악이 세종문화회관을 가득 채운 날

코로나19 팬데믹으로 인해 문화예술계 전반이 침체를 겪던 시기, 2021년 4월 세종문화회관에서는 이례적인 공연 하나가 주목을 받았다. '리그 오브 레전드 라이브: 디 오케스트라(League of Legends Live: The Orchestra)'라는 제목으로 개최된 이 콘서트는, 전통적인 클래식 명곡이 아닌 온라인 게임 '리그 오브 레전드(League of Legends)'의 사운드트랙을 오케스트라 편곡으로 선보이는 무대였다. 세계적으로 매월 1억 명 이상, 일일 평균 2,700만 명의 이용자를 보유한 이 게임의 음악은 단순한 배경음악을 넘어 하나의 독립적인 문화 콘텐츠로 자리 잡았고, 이번 공연은 세종문화회관 43년 역사상 게임음악이 주요 프로그램으로 구성된 최초의 사례로 기록되었다.

이러한 사례는 게임이 더 이상 단순한 오락물에 머무르지 않고, 다양한 문화 영역과의 융합을 통해 새로운 예술적 형식으로 진화하고 있음을 보여준다. 과거에는 인기 만화를 원작으로 하여 게임이라는 2차 저작물을 제작하던 것이 일반적이었다면, 오늘날에는 오히려 글로벌 흥행을

[그림 12-1] 세종문화회관, 게임음악 콘서트

거둔 게임들이 다시 음악, 애니메이션, 드라마 등의 콘텐츠로 확장되며 그 세계관을 확장해 나가고 있다. 이는 게임이 하나의 독립된 원천 콘텐츠로 기능하며, 그 파급력이 문화산업 전반에 미치는 영향이 점점 커지고 있음을 시사한다.

2. '메타버스 콘서트' 속 바이올린, 현실과 가상을 넘나들다

바이올리니스트 박지혜는 2023년 8월 15일, '광복절 메타버스 콘서트'를 통해 현실과 가상을 넘나드는 특별한 클래식 공연을 선보였다. 이번 공연은 그녀가 직접 기획 · 제작 · 사회 · 연주까지 도맡은 프로젝트로, 유튜브 채널를 통해서도 영상이 공개되며 앙코르 형태로 재조명되었다. 공연은 메타버스 공간에서 진행되었고, 전 세계 관객들이 자신을 닮은 아바타로 접속해 자리에 앉았다. 헤어스타일부터 피부색까지 다양

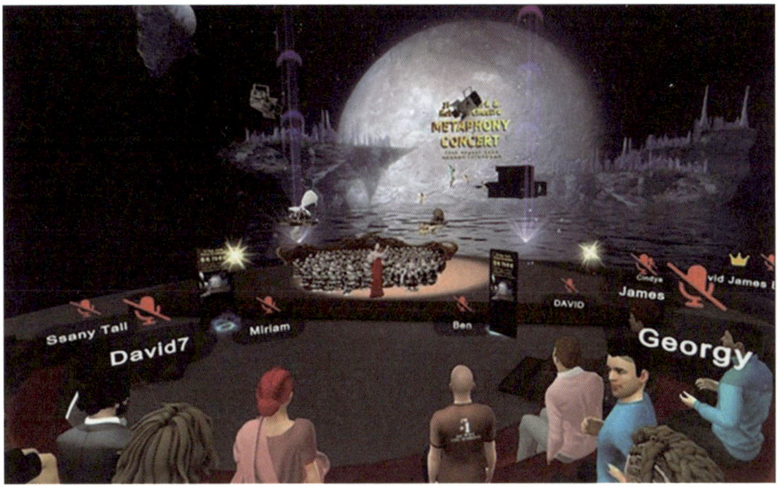

[그림 12-2] 8·15 광복절 메타버스 콘서트

했지만, 이들이 주목한 것은 박지혜의 현실 무대 연주와 AI 로봇, 가상 캐릭터가 함께한 협업 퍼포먼스였다. 박지혜의 메타버스 속 '부캐(Virtual Self)'인 AI 아바타는 영어로 공연의 의도와 광복의 의미를 소개하고, 협연할 로봇 캐릭터들을 직접 소개했다. 실제 영상과 가상 사운드가 어우러진 메타버스 공연은 현장감과 몰입감을 동시에 전달하며, 기술과 예술의 접점을 보여준 사례로 주목받았다.

3. 공연장을 넘어서, 디지털 무대로 확장하는 예술의전당

예술의전당은 2023년 12월 16일 자체 공연 영상 플랫폼 '디지털 스테이지(Digital Stage)' 를 공식 론칭했다. 이 플랫폼은 영화 수준의 고화질 영상과 음향을 기반으로, 공연 실황을 라이브 스트리밍과 VOD(Video On Demand) 형식으로 제공한다. 관객은 언제 어디서든 스마트폰이나 PC로

[그림 12-3] 안방에서 즐기는 프리미엄 예술 콘텐츠 큐레이션

다양한 공연을 감상할 수 있다. 예술의전당은 이미 2013년부터 '싹온스크린(SAC on Screen)'으로 공연 영상화를 선도해 왔고, 영상 제작 스튜디오 '실감' 을 열어 창작자들을 지원했다. 디지털 스테이지는 그 경험의 연장선에서 탄생한 플랫폼이다. 현재 연극, 클래식, 발레, 가족극 등 약 50여 개 영상이 서비스 중이며, 매달 새로운 콘텐츠가 추가된다. '디지털 스테이지'는 공연예술의 디지털 전환을 실현하는 플랫폼이자, 더 많은 관객에게 예술의 감동을 전하는 새로운 창구가 되고 있다.

4. 무대의 경계를 허무는 '미여지뱅뒤'

제주 대표 예술단체 마로(MARO) 는 2024년 12월 온라인 이머시브(Immersive) 공연 '미여지뱅뒤'를 선보였다. 이 공연은 가상 무대 속에서 관객의 선택에 따라 전개가 달라지는 일대일 몰입형 콘텐츠다. 이들은

[그림 12-4] 온라인 이머시브 퍼포먼스 '미여지뱅뒤'

온라인 공연의 창작 · 제작 · 유통 방식에 새로운 가능성을 제시하기 위해 서울의 한 PC방에서 제작발표회를 열어 화제가 되었다. 관객은 PC를 통해 입장한 가상 세계에서 제주의 신화를 기반으로 한 스토리를 경험한다. '붉은색인가, 푸른색인가'와 같은 선택지가 제시되고, 어떤 선택을 하느냐에 따라 공연의 흐름과 결말이 달라진다. 공연자와 무대 모두 디지털로 구현되어 현실의 제약도 사라졌다. 디지털 기술은 예술의 표현 영역을 급격히 확장시키고 있다. 디지털 기반 공연이 예술의 본질을 훼손하는 것이 아니라 오히려 새로운 예술적 감각과 서사를 만들어낼 수 있음을 보여주는 사례다. '미여지뱅뒤'는 미래 공연예술의 한 방향을 선명하게 제시하고 있다. 국내 스마트공연예술은 이렇게 관객과의 상호작용을 통해 차별화된 경험제공 및 공연예술의 저변을 확대하고자 하는 노력을 하고 있다.

해외 스마트공연예술 사례

1. 트래비스 스콧의 가상 콘서트

2020년 4월 '포트나이트(Fortnite)' 게임 내에서 트래비스 스콧(Travis Scott)의 가상 콘서트가 열렸고, 총 45분 공연 동안 전 세계 수백만 명의 관객이 동시 접속하여 2,000만 달러를 번 것이 큰 뉴스가 되었다. 스콧의 2019년 투어의 1일 매출은 평균 170만 달러 정도였다. 물론 팬데믹으로 인해 주요 도시들이 봉쇄되었다는 면을 감안하더라도 게임 내에서 개최된 가상 라이브 콘서트의 대성공은 게임업계와 음악산업 모두에서 큰 반향을 일으켰다. 스콧 역시 현실적인 제약에 구애받지 않고 세상을 마음대로 꾸미는 듯한 무대를 선보였다는 점에 만족감을 표하기도 했다. '게임'은 장소, 시간, 날씨, 대규모 스태프 이동 등 공연 기획의 외부적 요인을 고려해야 하는 수고를 줄여주고, 물리적 제약을 벗어나 다양한 무대를 연출할 수 있다는 장점이 있다. 또한 게임은 온라인과 오프라인의 경계를 희미하게 인식하는 Z세대가 모여 있어 시장성이 명확하다. 현장의 몰입감은 덜하지만, 오프라인 공연을 관람하기 위해 지불해야 하는 많은 시간적, 공간적, 금전적 비용을 해소할 수 있다는 점에서 앞으

[그림 12-5] 초현실적이고 스펙타클한 트래비스 스콧의 포트나이트 콘서트

로도 주목할 만하다.

2. 유럽의 무료 디지털 오페라 스트리밍 플랫폼인 '오페라비전'

'오페라비전(OperaVision)'은 유럽연합의 크리에이티브 유럽(Creative Europe) 프로그램에서 지원하는 무료 오페라 스트리밍 플랫폼이다. 현재 유럽 17개국의 30개 오페라 회사가 협력하고 있다. 이 프로그램은 극장에서 라이브로 스트리밍된 공연을 시청하고, 그 후 몇 달 동안 주문형 방식으로 가정에서도 시청할 수 있는 것이 특징이다. 오페라, 뮤지컬, 댄스, 발레, 콘서트 등 다양한 쇼를 무료/라이브/주문형으로 감상할 수 있다. 특히 어떤 언어로 노래하던지 자막을 통해 이해할 수 있는 서비스를 제공하고 있으며, 보너스 콘텐츠를 통해 무대 위의 스토리와 이런 쇼를 만드는 무대 안팎의 사람들에 대한 소식을 확인할 수 있다. 오페라비전은 오페라 관객의 저변을 확장하고, 신진 예술가들이 비교적 낮은 진입장벽을 통해 무대에 설 수 있는 기회를 마련해 준다는 장점도 있다.

[그림 12-6] 오페라비전의 웹사이트

3. 배우와 관객의 상호작용을 강화한 몰입형 '슬립노모어' 공연

미국 뉴욕에서 공연되고 있는 슬립노모어(Sleep No More)는 영국의 제작사 펀치드렁크(Punchdrunk)가 제작한 몰입형 인터랙티브 극장공연이다. 셰익스피어의 '맥베스'를 바탕으로 재해석된 비선형적 이야기 전개가 특징이다. 관객은 마스크를 착용하고 공연장이 제공하는 다층적인 공간 내에서 자유롭게 이동하며, 각기 다른 인물의 이야기를 개별적으로 체험할 수 있다. 이 공연은 전통적인 무대와 관객의 경계를 허물며, 참여자들이 자신만의 해석과 경험을 만들어가도록 유도해서 '몰입형 극장(Immersive theater)'이라는 새로운 장르로 인정받고 있다. 특히 공간구성과 조명, 음향 등 다양한 요소들이 결합되어 독특한 감각적인 경험을 제공하며, 매번 다른 경로와 상호작용으로 인해 개인별로 색다른 공연 경험을 선사한다.

[그림 12-7] 슬립노모어 공연 장면

[그림 12-8] 알론조 킹 라인즈 발레단 공연 장면

4. 디지털 프로젝션 무대를 활용한 알론조 킹 라인스 발레

안무가 알론조 킹(Alonzo King)이 이끄는 라인스 발레단(LINES Ballet)은 무대 배경에 디지털 프로젝션 기술을 활용하여 무용수의 움직임과 실시간 상호작용하는 시각적 요소를 구현한 것으로 유명하다. 이 공연은 디지털 영상과 조명이 결합된 배경이 공연 내러티브와 감정을 강화하여 관객들에게 몰입감 있는 경험을 제공하는 것이다. 이 사례는 무용예술에서 무대배경이 단순한 장식 이상의 역할을 하며, 공연의 감성과 스토리텔링을 디지털 기술로 확장할 수 있음을 보여준다. 스마트공연예술은 관객과 상호작용을 통해 차별화된 경험제공과 함께 공연예술의 저변을 확대하고자 하는 노력을 계속하고 있다.

PART 13.

스마트공연예술의 새로운 전환

스마트공연예술의 국내외 사례를 통해 이 분야가 관객에게 차별화된 경험을 제공하고 공연예술의 저변 확대에 기여하고 있음을 확인할 수 있었다. 그러나 이를 추진하는 과정에서는 다양한 고려사항이 존재한다. 이번 장에서는 스마트공연예술을 기술과의 융합 관점에서 바라보고, 그 과정에서 마주하게 되는 주요 이슈와 과제들을 살펴보고자 한다.

기술 기반의 도입과 융합 이슈

1. 창작과 기술의 경계, 새로운 예술언어의 탄생인가

스마트공연예술의 출현은 공연예술에 단순히 기술을 도입하는 것을 넘어, 예술이 무엇인가에 대한 근본적인 질문을 던지는 창조적 혁신을 불러일으키고 있다. 증강현실, 가상현실, AI와 같은 첨단기술은 공연의 '현장성(liveness)' 개념에 도전하며, 새로운 유형의 무대 구성과 연출, 스토리텔링을 가능하게 만든다. 그러나 이러한 기술 기반의 창작은 예술의 자율성과 기술 중심 논리 사이에서 긴장 관계를 형성하고 있으며, 실제 예술 현장에서는 이를 단순한 '효과'의 차원에서 소비하는 경우도 많다. 예를 들어, 메타버스 공연 플랫폼에서 구현되는 공연은 전통적인 '공간-시간-관객'의 삼위일체를 해체하고, 그 대신 시공간을 초월한 몰입형 경험을 제공한다. 하지만 이러한 환경에서 관객의 반응이나 정서적 교감이 '정량화된 데이터'로 전환될 경우, 예술이 지니는 본연의 감성적 표현은 희석될 수 있다. 결국 스마트공연예술에서는 예술성과 기술성 간의 균형, 즉 '기술이 돋보이지 않도록 기술을 설계하는' 정교한 융합 감각이 매우 중요하다.

[그림 13-1] 배우의 움직임에 따라 실시간으로 변화하는 몰입형 무대효과

2. 스마트기술 도입의 불균형과 지속가능한 인프라 문제

스마트공연예술과 같은 스마트기술의 활용을 전제로 한 공연예술이 확장되기 위해서는 물리적 인프라와 기술 도입에 대한 논의가 체계적으로 이루어져야 한다. 현재 다수의 공연장은 스마트공연예술을 구현하기 위해 필수적인 고해상도 프로젝션, 홀로그램, 센서 기반의 관객 인터랙션 장비 등을 갖추고 있지 못하며, 민간 영역과 공공 영역 간 인프라 격차도 크다. 특정 예술기관이나 대형 공연장에서만 구현가능한 스마트기술은 소규모 예술 단체나 지방 공연장에서는 거의 불가능한 영역으로 남게 된다. 또한 하드웨어 중심의 접근에서 벗어나 지속가능한 기술 생태계 구축을 위한 유지보수, 소프트웨어 업데이트, 기술 전문가의 육성 등 다양한 요소가 동시에 고려되어야 한다. 그러나 현재 대부분의 스마트공연예술은 단기적인 프로젝트 성격이 많아 체계적으로 자리 잡는 데 애로가 존재한다. 이를 위해서는 스마트공연예술을 가능하게 하는 시설에 대한 정책적인 투자와 더불어 기획하고 운영할 수 있는 융복합형 인

[그림 13-2] 지속가능성을 우선시하는 콜드플레이의 공연무대

력 양성이 병행되어야 한다. 스마트공연예술에서 '스마트공연기술'은 더 이상 단순한 보조적 수단이 아닌 예술적 구조 자체에 개입하는 요소이기에, 이를 이해하고 창작과 연결할 수 있는 예술-기술 중개자가 절실히 필요하다.

3. 저작권과 지식재산권(IP)의 복잡성: 누구의 예술인가

스마트공연예술은 단일 작가 중심의 창작 구조를 넘어, 다수의 기술 협업자와 공동 저작권자의 참여를 필요로 한다. 이는 곧 공연의 산출물이 갖는 '소유'와 '권리'의 문제가 더욱 복잡해진다는 것을 의미한다. 예를 들어, AI 기반의 연출 알고리즘이 창작에 기여했다면, 이 알고리즘 개발자는 예술가인가? 또는 실시간 관객 데이터를 기반으로 연출이 변화되는 인터랙티브 공연에서, 관객의 반응도 창작의 일부로 간주해야 하는가? 등이 이슈가 될 수 있다. 이러한 이슈는 단순히 법적 영역을 넘어서 공연의 창작 윤리, 예술적 소명의 문제와도 깊이 맞닿아 있다. 실제로

[그림 13-3] 스마트공연예술은 누구의 예술일까?

해외에서는 NFT(Non-Fungible Token) 기술을 활용해 디지털 공연 장면을 자산화하고, 관객이 공연 일부를 '소유'하는 구조로 전환하는 실험이 진행되고 있다. 그러나 이는 공연의 본질적 속성인 '일회성'과 '공유성'을 해체할 위험도 내포하고 있다.

따라서 스마트공연예술의 저작권 문제는 법률적 대응을 넘어서, 새로운 창작 생태계에서 '공동 창작의 규범'을 어떻게 수립할 것인지에 대한 문화적 협의 과정이 요구된다. 공연예술계는 기술이 도입됨에 따라 창작의 경계와 권리 구조가 어떻게 재정의될 것인지에 대해 스스로 사유하고, 이를 제도적으로 명확히 할 필요가 있다.

이처럼 스마트기술은 공연예술에 새로운 무대를 열어주고 있으나, 그 이면에는 창작 방식의 변화, 예술가의 역할 재정의, 지속가능한 인프라,

저작권 구조 등 복합적인 과제가 산재해 있다. '스마트'함이 예술의 본질을 해치는 방향이 아닌, 예술의 감동을 더욱 증폭시키는 방식으로 기능하기 위해서는, 기술을 단순한 도구가 아닌 창작의 일부로 섬세하게 통합할 수 있는 문화적 감각과 정책적 비전이 요구된다.

스마트관광 대전환

관객의 수용성과 사회문화적 과제

스마트공연예술은 기술 기반 창작을 넘어 관객과의 새로운 감성적 접점을 창출하고 있다. 하지만 관객층의 디지털 격차, 기술 기반 공연에 대한 심리적 저항, 전통 예술형식과의 충돌 등은 여전히 해결해야 할 사회문화적 과제로 남아 있다. 기술이 관객에게 감동을 전달하려면, 기술 수용성에 대한 섬세한 이해와 함께 관객 중심의 설계가 필수적이다.

1. 스마트기술이 만드는 '새로운 관객 경험'

스마트공연예술은 기존의 수동적 관람 구조를 넘어 관객의 참여와 반응을 공연의 일부로 흡수하는 새로운 형태로 진화하고 있다. 예를 들어, 일부 인터랙티브 공연에서는 관객의 표정, 음성, 움직임 등의 데이터를 실시간으로 분석하여 무대의 조명이나 장면 구성이 변하기도 한다. 메타버스 환경에서 이루어지는 공연은 아바타 형태의 관객이 무대 위에 직접 등장하여 배우와 상호작용을 하게 함으로써, 관람자가 창작의 일부가 되는 구조를 형성한다.

이러한 변화는 관객을 더 이상 단순한 '수용자'가 아니라 능동적 '공

[그림 13-4] 관객이 능동적 '공동 창작자'로 참여하는 인터랙티브 공연

동 창작자'로 재정의한다. 공연의 의미가 무대 위 연출자만의 몫이 아닌, 관객의 반응과 선택에 따라 달라질 수 있는 상황은 기존 공연예술의 문법을 근본적으로 변화시키고 있다. 그러나 이는 공연예술의 감상 방식과 몰입 경험을 재구성하는 도전이기도 하며, 관객의 감성적, 인지적 수용성을 고려하지 않으면 오히려 혼란을 야기할 가능성도 존재한다.

2. 수용성과 감동 사이의 간극

기술이 아무리 정교하고 다양해지더라도, 그것이 관객에게 감정적으로 '수용'되지 않는다면 진정한 공연 경험으로 연결되기 어렵다. 특히 스마트공연예술은 관객의 연령, 기술 친숙도, 문화적 배경에 따라 그 감정이입의 강도가 크게 달라질 수 있다. 예를 들어, 고령층이나 디지털 환

[그림 13-5] 기술 수용성에 따라 다르게 받아들여지는 스마트공연예술

경에 익숙하지 않은 관객은 스마트기술이 가미된 공연에서 낯섦과 불편함을 경험할 수 있다. 관객이 공연의 흐름을 따라가지 못하거나, 지나치게 많은 시청각 정보로 인해 피로감을 느낄 경우, 감동의 전달은 오히려 방해받게 된다. 이처럼 관객층 간의 수용성 차이는 공연예술 현장에서 기술 기반 창작이 효과적으로 작동하기 위한 전제 조건이 '기술 중심'이 아니라 '사용자 중심' 설계라는 점을 분명히 보여준다. 또한 '이것이 진짜 감동인가?'라는 의문이 생기는 순간, 공연의 의미는 급격히 약화된다. 디지털 기술로 구현된 무대효과나 AI가 연기하는 감정이 인간 고유의 감성을 대체할 수 있는가에 대한 회의는 여전히 존재한다. 감정 이입은 단순한 시각적 자극이 아니라 이야기와 인물에 대한 공감에서 비롯되기 때문에, 기술은 이러한 정서적 흐름을 '보완'하는 선에 머물러야지 '대체'해서는 안 된다는 의견도 많다.

3. 공연 관람의 사회적 의미와 변화

공연은 개인이 감상하는 예술일 뿐만 아니라, 관객 간의 교류와 집단적 경험을 포함하는 사회문화적 행위이다. 그러나 스마트공연예술이 확산됨에 따라 이러한 공동체적 성격은 변화의 기로에 놓여 있다. 온라인 공연이나 증강현실 기반의 콘텐츠는 공연장을 물리적으로 방문하지 않아도 되는 환경을 제공하면서 시간적 · 공간적 제약을 줄이는 긍정적 효과를 낳지만, '함께 본다'는 경험이 가진 사회적 의미는 상대적으로 약화될 수 있다. 공연 중의 실시간 채팅이나 온라인 댓글과 같은 디지털 상호작용은 즉각적이지만 깊이 있는 교류로 이어지기 어렵고, 익명성과 피상성이라는 한계를 내포한다. 그렇지만 핀란드의 '가상 합창단(Virtual Choir)' 프로젝트처럼 디지털 기술을 통해 새로운 형태의 감성적 연결과 공동 창작을 실현한 사례는 주목할 만하다. 이 프로젝트에서는 수천 명의 참가자가 온라인으로 본인의 노래를 녹음하여 하나의 가상 합창곡으로 편집했다.

[그림 13-6] 핀란드의 '가상 합창단(Virtual Choir)' 프로젝트

이러한 사례는 기술적 한계를 보완하며, 오히려 공동체적 경험을 재구성할 수 있는 가능성을 보여준다. 결국 스마트공연예술이 진정으로 '포용적 문화'가 되기 위해서는, 무대 안과 밖 모두에서 관객의 존재를 다시 정의하고, 기술을 포함한 문화행위가 어떻게 공동체적으로 소비되고 공유될 수 있을지에 대한 적극적 재해석과 대안적 상상이 필요하다.

이와 같이 스마트공연예술은 단지 새로운 기술의 도입이 아니라, '관객이 누구인가', '공연이란 무엇인가'라는 근본적 질문을 던지게 만든다. 관객은 수동적 감상자에서 벗어나 상호작용하고, 영향력을 미치며, 때로는 함께 창작하는 주체가 되었다. 하지만 이러한 전환은 모든 관객에게 동일하게 적용되지 않는다. 기술적 접근성, 정서적 수용성, 사회적 교류의 방식에 따라 예술에 대한 인식과 만족도는 크게 달라질 수 있다. 기술의 발전 자체보다 중요한 것은 그 기술이 어떻게 받아들여지고, 어떤 경험을 가능케 하며, 얼마나 감동적으로 작동하는가이다. 스마트하다는 것은 곧 정서적으로 공감 가능한 설계, 사용자에 대한 배려, 문화적 다양성에 대한 존중을 포함해야 한다.

제도적·산업적 기반 구축과 정책 과제

스마트공연예술이 기술 도입 실험을 넘어서 예술과 문화산업의 지속가능한 영역으로 자리매김하기 위해서는 무엇보다도 제도적 기반과 산업적 생태계 구축이 중요하고, 일상적 실천과 산업적 흐름으로 뿌리내리기 위해서는 정책적 과제와 구조적 전환이 필요하다.

1. 단발성 프로젝트에서 지속가능한 생태계로: 거버넌스의 전환

현재 국내의 스마트공연예술 사업은 대부분 단기 공모사업이나 시범 프로젝트 형태로 운영되고 있다. 이로 인해 성과는 일회성에 그치고, 중장기적으로 축적되는 기술력이나 운영 노하우가 부족한 실정이다. 무엇보다 기획자-기술자-예술가 간 협업을 촉진하고, 장기적 안목에서 기획-창작-운영이 순환 가능한 거버넌스 체계가 절실하다. 예를 들어, 영국의 영국예술위원회(Arts Council England)와 디지털 캐터펄트(Digital Catapult)는 'CreativeXR' 프로그램을 통해 민간 기업, 예술가, 기술개발자가 장기적으로 협업할 수 있는 펀딩 구조와 공동 제작 시스템을 구축하고 있다. 이 프로그램은 단순한 제작비 지원을 넘어 산업 간 연계 플랫

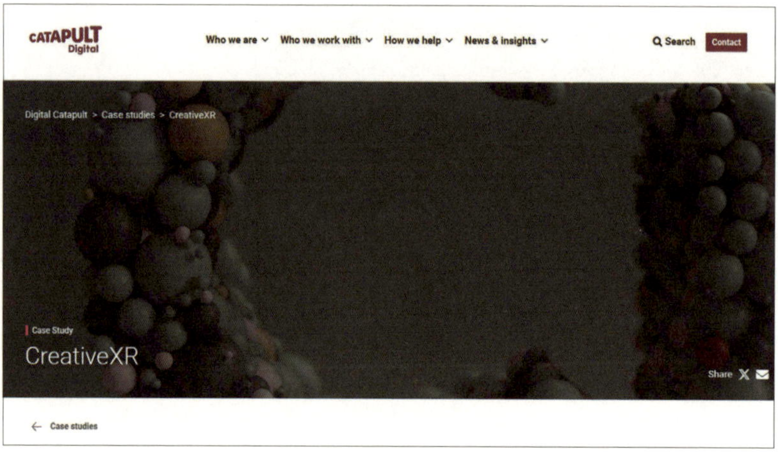

[그림 13-7] 디지털 캐터펄트(Digital Catapult) 웹 사이트의 CreativeXR 사례 소개

폼과 인큐베이팅 지원체계를 포함한다. 지금까지 60개 몰입형 프로토타입에 총 120만 파운드, 12개 본격 제작 프로젝트에 85만 파운드를 지원했으며, 다수의 작품이 세계 유수의 박람회 및 플랫폼에 진출했다. 이 프로그램은 기술-예술 융합 생태계를 조성하고, 확장현실(XR) 산업의 지속가능한 성장 기반을 마련한 대표적 사례로 평가된다. 국내에서도 단기적 시연 중심이 아닌, 실제 운영 가능한 모델을 테스트하고 유통까지 연계하는 플랫폼 중심 정책 전환이 필요하다. 중앙정부와 광역 지자체, 민간의 협력구조 속에서 '공공성'과 '시장성'을 동시에 고려한 복합 전략이 필요하다.

2. 중소 공연장의 디지털 전환 지원: 현장 기반의 정책 설계 필요

기술 인프라와 인력자원이 풍부한 대형 공연장에 비해, 중소 규모 공연장과 지역 문화예술기관은 디지털 전환 역량이 크게 부족하다. 스마

[그림 13-8] 새로운 세대의 연극을 위해 끊임없는 변화를 추구하는 프랑스의 테아트르 누벨 제네라시옹

트공연예술은 고가의 장비와 복잡한 운영 기술을 필요로 하기 때문에, 현장에서는 '하고 싶어도 할 수 없는' 상황이 반복되고 있다. 이에 따라 정부는 디지털 공연장 전환을 위한 기초 인프라 투자뿐 아니라, 상시 유지보수와 소프트웨어 교육, 기술 큐레이터 양성 등 다층적 정책 지원을 병행해야 한다. 프랑스의 테아트르 누벨 제네라시옹(Théâtre Nouvelle Génération)은 국립 공연장이지만, 다양한 지방 공연장과의 공동 네트워크를 통해 XR, 인터랙션 기반 공연의 장비 공유와 공동 기획을 진행하고 있다. '기술 컨소시엄'이라는 새로운 운영 방식은 예산의 효율성과 콘텐츠의 다양성을 동시에 확보하고 있다. 국내의 경우에도 '공연예술 스마트화 패키지'를 통해 하드웨어-소프트웨어-인력양성-운영매뉴얼을 통합한 전환형 지원정책이 모색되어야 한다.

[그림 13-9] NUMIX LAB 2025 행사 안내

3. 제도적 기반 정비: 저작권, 표준화, 인력 체계의 정립

스마트공연예술은 기술 기반 콘텐츠 창작이라는 특성상 저작권과 지식재산권(IP)의 경계가 불명확한 경우가 많다. 예를 들어 AI 기반 조명연출, 실시간 관객 데이터 기반 무대 전환, 알고리즘 작곡 등은 창작 주체가 누구인지 불분명하고, 공동 저작이 불가피한 구조를 가진다. 캐나다 퀘벡주의 'NUMIX LAB' 프로젝트는 이러한 문제에 대응해, 공연예술과 디지털 기술의 접점을 고려한 '신유형 콘텐츠 표준화'와 '공동 저작권 가이드라인'을 마련하고 있다. 이는 기술 기반 창작에서 발생하는 새로운 저작권 이슈를 제도적으로 선제 대응한 사례로 주목된다. 국내에서도

예술, 기술, 법률 전문가가 함께 참여하는 스마트공연예술 저작권 협의체 구성, 디지털 공연 관련 공동창작 표준계약서 마련, 공공저작물 등록 시스템 정비 등이 선결되어야 할 과제다.

4. 예술-기술-산업-제도가 함께 가는 지속가능한 생태계

스마트공연예술은 기술의 발전 속도만큼이나 빠르게 형식과 수용방식이 변화하고 있는 영역이다. 그러나 이를 일회성 이벤트가 아닌 하나의 문화산업으로 정착시키기 위해서는 '기술-예술-산업-정책'이 통합된 생태계적 접근이 필요하다. 기술을 넘어 문화로, 기획을 넘어 산업으로 나아가는 스마트공연예술의 발전을 위해, 우리는 지금 '파일럿에서 시스템으로' 전환하는 제도적 도약의 기로에 서 있다. 정책은 예술가 개인이나 공연장 하나가 아니라, 생태계를 설계하고 작동시키는 기반이 되어야 한다. 스마트공연예술은 기술이 예술을 도와주는 것이 아니라, 기술이 예술의 일부가 되는 시대에 걸맞은 정책 상상력을 요구한다.

PART 14.

푸드테크의 첨병, 스마트레스토랑

관광에서 빼놓을 수 없는 중요한 요소가 바로 음식을 체험하는 것이다. 여행지에서 맛보는 음식은 그 지역의 문화와 매력을 가장 직접적으로 느낄 수 있는 즐거움이기도 하다. 스마트관광은 관광객들이 음식을 체험하는 방법도 스마트하게 변화시키고 있다. 이번 장에서는 스마트레스토랑을 통해 관광객들이 음식 체험에서 어떤 변화를 맞이하고 있는지 살펴보기로 한다.

스마트레스토랑의 등장

불과 몇 년 전만 해도 로봇이 음식을 서빙하거나, 인공지능 키오스크로 주문을 받는 모습은 먼 미래 영화 속 이야기처럼 느껴졌다. 하지만 이제 스마트레스토랑은 더 이상 '미래형 상상'이 아니다. 실제 식당에서 로봇이 음식을 나르고, 테이블 위에 놓인 키오스크에서 주문을 하고, 자율주행 로봇이 배달을 완수한다. 그 배경에는 몇 가지 큰 변화가 자리하고 있다. 첫째, 디지털 전환이다. 코로나 팬데믹은 외식산업에 큰 충격을 주었다. 사회적 거리두기, 인건비 상승, 비대면 서비스 수요의 급증으로 인해 외식업계는 기존의 인력 의존적 운영 방식에서 벗어나 효율성과 자동화의 필요성이 더욱 절실해졌다. 둘째, 푸드테크(FoodTech)의 눈부신 발전이다. 로봇, AI, IoT, 빅데이터, 블록체인과 같은 스마트기술은 식재료 생산에서부터 고객 경험에 이르기까지 식품산업 전반에 침투하고 있다. 주방에서는 로봇이 음식을 만들어내고 있으며, 홀에서는 로봇 웨이터가 고객에게 음식을 서빙한다. 심지어 최근에는 배달 로봇이 좁은 골목길을 누비며 '라스트마일(Last Mile)'을 책임지는 모습이 등장하기도 했다. 끝으로, 고객의 기대 변화다. 최근 MZ세대들은 기술친화적으로 빠

[그림 14-1] 스마트레스토랑 트렌드를 이끄는 외식산업 3대 환경 변화

르고 효율적인 서비스를 선호한다. 또한, 코로나19 이후 위생과 안전이 중요한 가치로 대두됨에 따라서 사람이 덜 만지는 음식에 대한 선호도 일부 생겨났다.

1. 스마트레스토랑은 무엇일까

스마트레스토랑이란 무엇일까? 한마디로 스마트레스토랑은 디지털 기술과 자동화 시스템을 통해 외식업의 효율성과 고객 경험을 혁신하는 레스토랑이라 정의할 수 있다. 여기에는 ICT, 로봇, 인공지능, 빅데이터, IoT 등 첨단기술이 모두 동원된다. 전통적 레스토랑과 스마트레스토랑의 가장 큰 차이는 '사람이 하던 일을 기술이 대체하거나 보완한다'는 점이다. 예컨대 사람이 일일이 주문을 받던 과정을 키오스크가 대체하고, 셰프가 하던 일정한 공정의 요리를 로봇이 수행한다. 심지어 고객이 식당에 도착하기도 전에 AI가 취향을 분석해 메뉴를 추천해 주는 일도 가

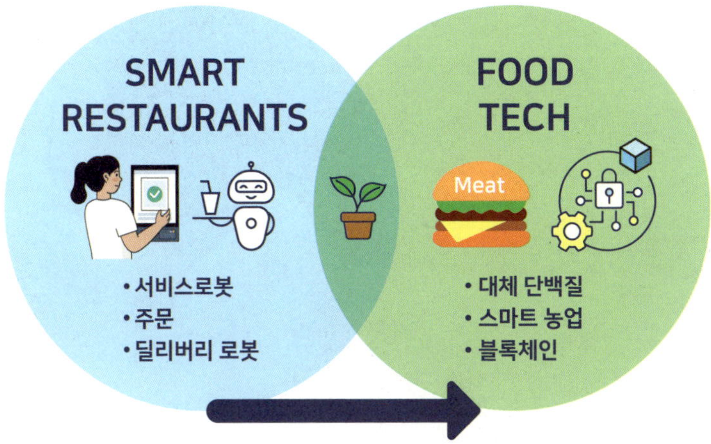

[그림 14-2] 스마트레스토랑과 푸드테크

능하다.

여기서 자주 혼동되는 용어가 바로 푸드테크다. 푸드테크는 식품 산업 전반에서 활용되는 기술을 통칭한다. 예를 들어 대체육, 스마트팜, 블록체인 식품 이력 관리 등이 푸드테크에 속한다. 스마트레스토랑은 푸드테크의 한 영역이지만, 그 초점은 외식 공간 내 · 외부에서 고객 서비스와 운영을 혁신하는 것에 있다. 즉, 푸드테크가 산업 전체를 포괄한다면, 스마트레스토랑은 외식업 현장의 최전선에서 그 기술들을 구현하는 '무대'라고 볼 수 있다.

2. 스마트레스토랑의 유형

스마트레스토랑은 사용하는 기술, 운영 방식, 서비스 범위에 따라 매우 다양하다. 예를 들어, 서비스가 이루어지는 공간을 기준으로 유형을 나누면 주방, 홀, 배송 · 물류 영역으로 구분할 수 있다. 최근 국내 일부

[그림 14-3] 닭 튀기는 로봇 셰프

호텔에서는 로봇 셰프가 일정한 온도와 시간으로 스테이크를 굽고, AI가 요리의 품질을 실시간으로 분석한다. 햄버거 패티를 뒤집거나 24시간 쉬지 않고 닭을 튀기기도 한다. 고객에게 음식을 서빙하는 일도 로봇의 손에 맡겨지고 있으며 테이블 오더, 모바일 주문, 키오스크는 고객의 대기시간을 줄이고 인건비를 절감시켜준다. 스마트레스토랑에서는 이러한 자동화뿐만 아니라 인터랙티브 테이블에서 고객이 메뉴를 터치하여 확인하고 AR/VR을 통해 메뉴를 3차원으로 미리 보는 서비스도 시도되고 있다. 또한, 스마트레스토랑은 '라스트마일' 혁신과도 관련이 깊은데 자율주행 딜리버리 로봇이 배달을 담당하고, 무인배달 박스가 고객의 음식수령 시간을 자유롭게 한다.

스마트관광 대전환

고객경험 디자인

음식은 단순한 소비 행위를 넘어 오감으로 체험하는 문화적 경험이다. 스마트레스토랑은 기술을 기반으로 이 '경험'의 구조를 재설계하고 있다. 단순한 자동화의 수준을 넘어, 고객의 행동을 예측하고 감정에 반응하며, 개인의 기호에 맞춰 맞춤형 서비스를 제공하는 방식으로 진화한다. 예를 들어, 일부 스마트레스토랑에서는 고객이 자리에 앉기 전 이미 과거 주문 이력과 취향 데이터를 바탕으로 메뉴를 추천하고, AR 인터페이스를 통해 음식을 3D로 시각화해 보여준다. 대기시간 동안 디지털 테이블 위에서 게임이나 음악을 즐길 수 있으며, 주문한 음식이 도착하면 로봇이 서빙하고 고객의 표정 반응을 AI가 실시간으로 분석하여 서비스 만족도를 예측하기도 한다.

이처럼 고객 경험 디자인은 '빠르고 편리한 서비스'를 넘어 '개인화된 감성의 전달'로까지 확장되고 있다. 단골 고객에게는 맞춤형 인사말이나 이벤트 쿠폰이 자동 발송되며, 특정 상황에서는 고객의 기분을 고려해 조명, 음악, 음식 추천까지 연동되기도 한다. 스마트레스토랑은 이제 기술이 아닌 '감성 알고리즘'으로 고객의 마음을 사로잡는 공간으로 바

[그림 14－4] 스마트레스토랑에서는 다양한 스마트서비스가 융합되어 제공된다.

꿔고 있다. 그러나 이러한 기술 중심의 경험이 모든 고객에게 환영받는 것은 아니다. 일부 고령층이나 기술 소외 계층에게는 이러한 시스템이 오히려 거리감을 유발하고 주문 과정에서 불편을 주기도 한다. 또한 데이터 기반의 개인화 서비스는 편리함과 동시에 사생활 침해 우려도 동반한다. 결국 스마트레스토랑의 고객경험 디자인에는 기술의 정교함뿐 아니라, 고객의 다양성과 정서적 수용성을 아우르는 섬세한 설계가 필수적이다.

사회적 함의와 노동의 재구성

스마트레스토랑의 확산은 단순히 기술이 외식업에 도입되는 현상을 넘어, 외식 노동의 방식과 종업원의 역할, 나아가 음식문화의 윤리적 기준까지 흔들고 있다. 특히 반복적이고 육체적으로 부담이 큰 업무를 로봇이 대체하면서, 외식업 현장에서는 '인간은 무엇을 해야 하는가'라는 새로운 질문이 제기된다. 주방에는 튀김 로봇, 햄버거 조립 로봇, 자동 조리 시스템이 빠르게 도입되고 있으며, 홀에서는 서빙 로봇과 자동결제 시스템이 전통적인 아르바이트나 홀서빙 인력을 대체하고 있다. 이러한 변화는 분명한 효율성과 비용절감을 가져오지만, 동시에 청년층 아르바이트 기회의 감소, 단기노동 중심의 고용불안정 등 사회적 파장을 불러온다. 더불어 기술 중심 서비스는 '감정노동'의 성격을 변화시키고 있다. 고객 응대의 많은 부분이 자동화됨에 따라 직원의 정서적 소진은 줄어들 수 있지만, 동시에 인간적인 교감이나 서비스 감성은 기술로 대체될 수 없는 부분이기도 하다. 일부 고객층은 여전히 '사람의 온기'가 남아 있는 서비스를 선호한다.

[그림 14－5] 스마트레스토랑에서 인간은 무엇을 해야 할까?

단순히 기술이 사람을 대체하는 것이 아니라, '기술과 사람이 협업하는 역할 재구성'이 필요한 시점이다. 예를 들어, 직원은 로봇을 운영하고 문제 발생 시 이를 해결하는 '스마트서비스 매니저'의 역할을 수행하거나, 고객과 기술을 매개하는 감성 서비스 전문가로 진화할 수 있다. 이러한 전환은 외식산업의 노동구조뿐 아니라 교육과 직업훈련 시스템에도 중요한 도전을 제기한다.

지역관광콘텐츠로서의 스마트레스토랑

스마트레스토랑은 단순한 식사 공간이 아니라, 지역관광의 매력 요소로서 역할을 수행할 수 있다. 특히 기술과 문화가 결합된 외식 경험은 여행자에게 그 지역의 혁신성과 개방성을 보여주는 중요한 지표가 되며, 차별화된 관광콘텐츠로 작용한다. 예를 들어, 런던의 인아모(Inamo) 레스토랑은 인터랙티브 테이블을 통해 메뉴를 3D로 미리 보거나, 디지털로 벽을 꾸미고 요리 영상을 실시간으로 시청할 수 있는 스마트 공간을 제공함으로써 관광객들에게 색다른 식사 경험을 선사한다. 일본 도쿄에서는 초밥을 만드는 로봇 셰프 체험이 외국인 관광객들에게 큰 인기를 끌고 있으며, 싱가포르의 스마트푸드코트에서는 다국어 키오스크와 자동 결제 시스템을 통해 언어 장벽 없이 편리한 식사가 가능하다.

이러한 스마트레스토랑은 특히 MZ세대 관광객에게 매력적인 소셜미디어 콘텐츠로 기능하며, 관광지의 디지털 이미지를 강화하는 역할도 한다. 지역의 식재료, 전통음식, 로컬 콘텐츠를 기술과 결합하면 지역 정체성을 유지하면서도 미래지향적인 관광콘텐츠로 발전시킬 수 있다. 그러나 스마트레스토랑을 관광자원으로 육성하기 위해서는 몇 가지 조건

[그림 14-6] 새로운 레스토랑 체험을 제공하는 런던의 Inamo

이 필요하다. 첫째, 관광객 친화적인 다국어 시스템과 직관적 UI/UX 디자인이 필수이다. 둘째, 지역 고유의 문화요소가 기술에 의해 상업적으로 소외되지 않도록 해야 한다. 또한 관광객의 기대에 부합하는 '이야기성 있는 식경험 디자인'이 필요하며, 단순한 기술 쇼케이스가 아니라 지속적인 콘텐츠로서 유지될 수 있는 기획력이 중요하다.

지속가능성과 전망

기술이 외식업을 변화시키는 가운데, 이제 스마트레스토랑은 단순한 편의성과 효율성을 넘어 지속가능성(Sustainability)이라는 새로운 가치와도 긴밀히 연결되고 있다. 특히 ESG(Environment, Social, Governance)가 기업경영의 핵심 키워드로 부상하면서, 외식업 역시 환경적 책임과 사회적 가치 창출을 함께 고려해야 하는 시대가 되었다. 스마트레스토랑은 이러한 지속가능성 실현의 새로운 플랫폼으로 주목받고 있다. 우선 환경적 측면에서 스마트레스토랑은 음식물 쓰레기와 에너지 소비를 줄이는 데 기여하고 있다. AI 기반 재고관리 시스템은 수요 예측을 정교하게 하여 불필요한 재료 낭비를 줄이고, 식자재의 회전율을 높인다. 예컨대, 일부 스마트주방에서는 하루 단위로 판매량을 예측해 재료를 자동 발주하거나, 남은 식재료를 자동 분류하여 보존처리 및 할인판매로 연계하는 시스템이 적용되고 있다. 또한, 에너지 효율이 높은 조리 로봇과 조명 자동제어 시스템은 주방의 전력 소모를 최소화하며, 고객 테이블의 온도 · 조도 조절까지 자동화되어 친환경 운영이 가능해졌다.

사회적 측면에서는 스마트레스토랑이 장애인, 외국인, 고령자 등을

[그림 14-7] 포용적 기반이 되는 스마트레스토랑

위한 포용적 디자인(Inclusive Design)의 기반이 될 수 있다. 예를 들어, 다국어 · 음성지원 키오스크, 청각장애인을 위한 시각 인터페이스, 휠체어 높이에 맞춘 인터랙티브 테이블 등은 모두 다양한 고객의 접근성을 높이고 있다. 기술은 누구도 배제하지 않고 외식 경험에 참여할 수 있게 하는 도구로 기능해야 하며, 이는 스마트레스토랑이 지향해야 할 중요한 사회적 책무이기도 하다. 이와 함께 스마트레스토랑은 지속가능한 식재료 사용과 식문화의 전환에도 영향을 미치고 있다. 대체육 기반 요리, 스마트팜 연계 채소 공급, 탄소 배출량이 적은 조리 방식 등의 도입은 외식산업의 전통적인 공급 · 소비 구조를 바꾸는 시도이다. 특히 일부 스마트레스토랑에서는 고객이 식사 전 식재료의 이력, 탄소발자국 정보를 확인할 수 있는 시스템을 도입함으로써, 소비자에게 더 책임감 있는 선택을 유도하고 있다.

그러나 이러한 지속가능성은 단지 기술 도입만으로 완성되는 것이 아니다. 여전히 초기 구축 비용, 기술 유지관리의 어려움, 친환경 인프라 부족 등의 과제가 존재하며, 특히 중소형 식당의 경우 지속가능성과 수익성 사이에서 균형을 잡기가 쉽지 않다. 기술이 친환경적이어야 한다는 당위성이 실제 운영의 현실성과 충돌하는 지점도 자주 발견된다. 따라서 스마트레스토랑이 지속가능한 외식문화의 첨병이 되기 위해서는, 정책적 지원과 더불어 기술기반 친환경 솔루션의 보급형 모델 개발이 필요하다. 예를 들어, 정부는 탄소 저감형 주방설비나 폐기물 감축 기술을 도입한 외식업체에 대한 인센티브를 제공하거나, ESG 기준에 맞는 외식업 인증제도 등을 도입함으로써 산업 전반의 전환을 유도할 수 있다. 궁극적으로 스마트레스토랑의 '스마트함'은 기술의 발전만으로 정의되지 않는다. 그것은 얼마나 인간 중심적이며, 환경에 책임을 지고, 문화적 다양성을 포용하느냐에 달려 있다. 지속가능성은 선택이 아니라, 스마트레스토랑이 미래의 표준이 되기 위한 핵심 요건인 셈이다.

그렇다면 스마트레스토랑의 미래는 어디로 향할까? 먼저 기술발전과 비용하락은 더 많은 레스토랑으로 스마트기술의 도입을 가속화할 것이다. 기술의 상용화가 이루어지면 소규모 개인식당에서도 로봇을 보는 일이 흔해질 것이다. 또한 AI는 단순한 조리나 배달을 뛰어 넘어 고객의 과거 주문에 대한 패턴, 선호도, 건강 상태까지도 파악하여 메뉴를 추천할 것이다. 이러한 기능은 레스토랑의 재고관리도 효율적으로 지원할 수 있다. 그러나 과제 또한 분명하다. 아직까지는 초기투자 부담이 크고, 로봇 고장 시의 대처문제, 개인정보 이슈 등이 남아 있으며 고객의 기술 중심의 스마트서비스에 대한 거부감을 어떻게 극복하느냐 등이다. 관광객들에게 스마트레스토랑에 대한 체험은 훌륭한 관광콘텐츠가 될 수 있으며, 이는 단순한 기술적용을 뛰어넘어 관광과 외식업의 융합 비즈니스 기회가 될 수 있다. 스마트레스토랑은 단순히 기계가 음식을 만들고 배달한다는 그 이상이 될 수 있다. 외식업 전반을 혁신하고 고객과 종업원의 경험을 새롭게 확장시킬 수 있기 때문이다.

PART 15.

스마트관광의 미래

스마트관광은 단순히 '관광'이라는 범주에 국한되지 않고, 고객의 경험을 증진시키는 다양한 스마트콘텐츠를 기반으로 발전하고 있다. 특히 스마트관광콘텐츠는 스마트모빌리티, 스마트호텔, 스마트MICE, 스마트공연예술, 스마트레스토랑 등 일상과 관광의 경계를 넘나드는 다양한 활동과 밀접하게 연계되고 있음을 확인할 수 있다. 이번 장에서는 이러한 흐름을 바탕으로, 스마트관광이 앞으로 어떠한 방향으로 진화해 나가야 할지에 대해 종합적으로 살펴보고자 한다.

스마트관광 대전환

스마트관광으로 도약의 기회를!

AI 퍼스트 시대란 인공지능 기술이 사회, 경제, 문화의 모든 영역에서 우선적이고 중심적인 역할을 하는 시대를 의미한다. 이 시대에는 정보의 처리와 커뮤니케이션 방식이 인공지능 중심으로 재편되며, AI 기반의 도구와 플랫폼이 일상생활의 필수 요소로 자리 잡아 간다. 이러한 변화는 개인의 생활방식, 기업의 비즈니스 모델, 교육 시스템, 정부의 정책 결정 방식에 깊은 영향을 미치고 있다. 특히 최근 챗GPT를 비롯한 생성형 인공지능의 눈부신 발전은 디지털 환경 전반에 일대 전환기를 가져오고 있다. 단순히 '디지털 전환의 다음 단계'가 아닌, '디지털 자체가 AI 중심으로 전환되고 있는 시대', 즉 'AI 퍼스트'의 도래를 체감하게 하고 있다. 관광산업 역시 이러한 AI 퍼스트 시대를 맞아 새로운 도전과 기회를 동시에 경험하고 있다. 여행자 행동 예측, 맞춤형 콘텐츠 추천, 자동화된 고객 응대와 같은 분야는 이미 AI 기술과 결합하여 빠르게 변화하고 있으며, 향후 관광의 기획 · 운영 · 소비 전반에 걸쳐 AI가 핵심 동력으로 작용하게 될 것이다.

실제 관광 분야에서는 온라인여행사(OTA: Online Travel Agency)를 통해 호텔, 항공권, 관광지 입장권 등을 모바일 앱으로 간편하게 예약 · 결제할 수 있는 환경이 이미 구축되어 있다. 최근에는 이러한 OTA에 챗GPT와 같은 생성형 AI 기능이 결합되면서, 이용자는 단순한 예약을 넘어서 여행 목적, 예산, 동반 인원, 취향 등에 기반한 맞춤형 여행 계획 수립과 상품 추천까지 일괄적으로 제공받을 수 있게 되었다. 예를 들어, 사용자가 "가을에 부모님과 함께하는 2박 3일 국내 여행을 계획해 줘"라고 입력하면, AI가 지역별 추천지, 교통편, 숙소, 레스토랑, 티켓까지 연계된 여행 일정을 자동으로 구성해 주는 식이다. 또한, QR코드를 활용한 모바일 티켓발급이 보편화되면서 종이 티켓 없이도 빠르고 친환경적인 입장이 가능해졌고, 실시간 알림, 다국어 지원, 자동 일정 조정 등의 기능은 여행의 편의성과 만족도를 더욱 높이고 있다. 이러한 환경 속에서 AI 및 디지털 전환에 빠르게 대응하는 기업들은 새로운 기회를 창출하고 있는 반면, 여전히 아날로그 중심의 운영 방식을 고수하는 기업들은 'AI 퍼스트 시대'의 생존 그 자체가 중요한 도전 과제가 되고 있다. 결국 관광산업 전반의 경쟁력은 기술을 수용하고 활용하는 역량에 의해 결정될 수밖에 없는 구조로 전환되고 있다.

1. AI 퍼스트 시대 스마트관광의 다양한 확산

스마트관광으로 통칭되는 관광산업의 디지털 전환은 더욱 활발하게 다양한 형태로 적용되고 확산하는 추세이다. 호텔 분야에서는 '스마트 호텔'이라는 명칭으로 다양한 디지털 기술을 활용하여 고객에게 서비스를 제공하고 있다. 예를 들어, 인공지능을 통한 음성인식 시스템이 도입되고 있으며 자동 체크인 · 체크아웃 시스템, 개인화된 객실 관리시스템이 제공된다. 또한, 인공지능 컨시어지 로봇이나 배달 로봇 등이 고객의

[그림 15-1] 명동에 진출한 일본의 헨나호텔

편의와 경험을 제고시키기 위해 개발되고 적용되고 있다.

관광산업의 스마트화는 MICE(Meeting, Incentive travel, Convention, Exhibition) 분야도 예외는 아니다. '스마트MICE'로 불리는 MICE 산업의 디지털 전환은 기업회의, 포상관광, 국제회의, 전시회 등에 디지털 기술을 적용하여 새로운 산업을 창출하는 것이다. 코로나19 동안 MICE 분야에서는 메타버스를 이용한 온 · 오프라인 하이브리드 행사 개최를 통하여 MICE 산업의 비대면 전환이라는 새로운 전기를 마련한 바 있다. 스마트MICE를 통해서 참가자들에게는 새로운 경험을 제공할 수 있으며, 주최자들에게는 효율적이고 효과적인 행사를 진행할 수 있도록 하여 MICE가 도시의 새로운 성장동력이 될 수 있도록 지원하고 있다. 한편, 디지털 전환은 식음료 산업도 예외가 아니다. 이미 '스마트레스토랑'에서 고객들은 QR코드를 이용한 디지털 메뉴판이나 태블릿 PC를 이용해

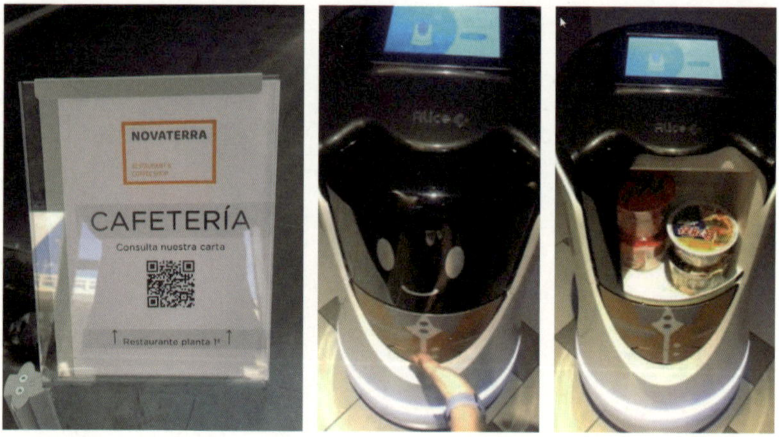

[그림 15-2] 스마트호텔에 등장한 QR코드를 이용한 주문방식과 딜리버리 로봇

서 주문하고 있으며 조리 로봇이 주방에서 조리하고, 배달 로봇이 조리된 음식을 고객에게 제공하고 있다. 또한, 온라인 리뷰를 통해서 고객들은 음식점에 방문하기도 전에 어떤 음식이 평점이 좋은지 판단하고 음식점이나 메뉴를 사전에 고를 수 있으며 맛집의 경우에는 모바일 예약 시스템을 통해 줄을 설 필요 없이 입장 가능한 시간을 설정할 수도 있다.

한국에서 처음 사용하기 시작한 '스마트관광도시' 개념은 '스마트관광목적지'와 동일하다. 이는 관광객들에게 디지털 기술을 통해 향상된 여행 경험을 제공한다. 모바일 앱을 통해 관광정보를 제공하고, 위치 기반 서비스를 이용하여 맞춤형으로 관광서비스를 추천하고, 가상 투어 등을 포함하고 있어 관광객들은 더욱 편리하고 풍부한 여행 경험을 즐길 수 있다.

2. 디지털 전환과 스마트관광의 미래

AI 퍼스트 시대에 스마트관광은 이제 단순한 트렌드를 넘어 관광산업의 디지털 전환 그 자체다. 이러한 변화는 관광산업에 있어서 분명히 새로운 도전을 제시하게 될 것이며 지속적인 혁신과 적응을 요구할 것이다. 그러나 이러한 과정을 통해서 관광산업은 더욱 고도화되고 발전하게 될 것이다. "강하고 똑똑한 종보다 변화에 잘 적응하는 종이 살아남는다"라는 찰스 다윈의 명언은 급변하는 디지털 환경 속 발 빠른 적응만이 관광산업 생존의 키(key)가 될 것임을 강조한다.

스마트관광, 미래를 디자인하다

세계는 지금 디지털 혁신이라는 대전환기를 맞이하고 있으며 관광산업은 이 변화의 최전선에 있다. 스마트관광은 진보된 디지털 기술을 활용하여 관광객의 관광경험을 증대시키고 지속가능하며 접근성이 좋은 관광을 제공하고 있다. 이는 단순한 편리함을 넘어선 관광산업의 미래를 재정의하고 있는 것이다.

1. 스마트기술, 관광경험을 재창조하다

스마트관광의 핵심은 기술의 통합적 사용에 있다. 인공지능, 빅데이터, 사물인터넷, 가상현실, 증강현실, 로봇 등의 기술들이 관광객의 경험을 개인화하고 풍부하게 만들어준다. 예를 들어, 증강현실을 활용한 역사적인 장소의 가상여행은 방문객에게 깊이 있는 이해와 몰입감을 제공한다. 또한, 빅데이터 분석을 통해 관광도시에서는 방문객의 선호와 행동 패턴을 파악하여 맞춤형 서비스를 제공할 수 있다. 울산 스마트관광도시 조성사업의 일환으로 구축된 남구 장생포 고래문화마을의 '웨일즈 판타지움(Whales Fantasium)'은 울산의 상징인 고래의 다양한 모습을 볼 수 있는 환상적인 전시관의 의미로 하늘을 유영하는 고래를 따라 울산의 다양한 모습을 살펴볼 수 있다. 특히, 울산 남구의 미래도시를 모티브로 하여 고래가 자유롭게 유영하는 모습이 미디어아트로 연출되어 관람객의 몰입을 유도한다. 또한, 디지털 아쿠아리움에서는 스마트폰에서 키운 나만의 반려고래를 풀어놓을 수도 있어 새로운 경험을 선사한다. 이러한 경험은 그동안 다른 스마트관광도시에서 제공하지 못한 신선한 아이디어에 기반하고 있어 스마트기술을 통한 새로운 경험 창조 사례로 손꼽히고 있다.

2. 지속가능한 관광, 스마트한 접근

스마트관광은 지속가능성에도 중점을 둔다. 스마트기술을 활용하여 자원을 효율적으로 사용하고 환경 영향을 최소화하며, 지역사회와의 상생을 추구한다. 예를 들어, 사물인터넷 기반의 스마트관리시스템은 에너지 사용을 최적화하고 쓰레기 관리를 개선하여 관광지의 환경보호에 기여한다. 또한 스마트기술을 활용하여 각종 전시회 등에서 인쇄물 사용을 감소시켜 비용절감 효과뿐만 아니라 친환경적인 행사 운영이 가능하다. 서울관광재단이 UNWTO(세계관광기구)와 연계하여 개최한 '서울 지속가능관광 컨퍼런스'에서는 QR을 활용한 e-자료집을 제공하였다. 인쇄물은 일절 발행되지 않았고, 100퍼센트 재활용할 수 있는 친환경 리드와 이름표가 사용된 바 있다. 스마트관광은 기후변화 대응에 있어서도 중요한 역할을 한다. 스마트기술을 이용하여 관광산업의 탄소발자국을 줄이고 환경보호를 강화할 수 있다.

3. 관광객과 지역사회의 연결고리 강화

스마트관광은 관광객과 지역사회 사이의 상호작용을 강화시킨다는 측면에서도 중요한 의미가 있다. 소셜미디어와 모바일 앱을 통해 관광객은 현지 문화와 직접적으로 소통하고, 지역 주민들과의 교류를 경험할 수 있다. 양양 스마트관광도시에서는 스마트관광 활성화를 위해 지역 상권과 주기적으로 소통하여 지역의 업체들이 '고고 양양'이라는 앱을 통하여 온라인상에서 예약, 결제할 수 있도록 지원하고 있다. 특히, 죽도해변에 세워진 웨이브 웍스(Wave Works) 워케이션(Workation) 센터는 관광객이 머물 수도 있으며 지역 주민들도 중요한 안건을 함께 논의할 수 있는 오프라인 스마트관광플랫폼의 역할을 하고 있다.

이제 스마트관광은 단순한 기술의 적용을 넘어서 관광산업의 지속가능한 미래를 위한 필수적인 전략이다. 관광객에게는 보다 풍요로운 경험을 제공하고, 지역사회의 발전을 촉진하며 환경을 보호하는 등 다양한 측면에서 긍정적인 영향을 주고 있다.

스마트관광 대전환

생각이 미래를 만든다

혁신적인 스마트관광의 탄생과 발전은 하루아침에 갑자기 이루어지지 않는다. 스마트관광은 우리의 상상력과 창의성이 기초가 되어 기술을 통해 현실로 구현된다. 현재 구현된 다양한 스마트관광콘텐츠들을 살펴보면 과거에 한 번쯤은 논의되었던 것들이 기술의 발전으로 현실화 되었음을 알 수 있다. 스마트관광은 단순한 4차산업혁명으로 인한 기술적 산물이 아니라 우리가 꿈꾸는 더 나은 여행 경험을 현실로 만드는 과정이다. 따라서, 스마트관광은 지속가능한 미래를 위한 우리의 생각을 반영한다. 기술을 통해 관광산업이 지구환경에 미치는 영향을 최소화하고 지역사회와의 조화를 추구하는 것은 관광객의 편의를 뛰어넘어 지구와 그 위의 모든 생명에 대한 책임감을 반영하는 것이다.

우리의 생각과 상상력은 스마트관광을 통해 현실이 되었다. 이제 우리는 단순한 기술적인 진보를 넘어서서 더 나은 관광의 미래를 꿈꾸어야 할 시점이다. 우리의 상상력과 창의성이 바탕이 되어 미래에는 더 다양하고 새로운 스마트관광의 경험이 가능하게 될 것이다. AI 퍼스트 시대에 우리가 어떤 스마트관광을 꿈꾸는지가 그래서 중요하다.

기술보다 중요한 건 행복을 지속시키는 여행

경희대학교 호텔관광대학 본관 앞에는 오늘도 조용히 자리를 지키는 표지석이 있다. 오랜 역사를 지닌 대학들이 각자의 정신을 담아 표지석에 문장을 새기듯, 이곳에는 "생각하는 者, 天下를 얻는다"라는 문구가 단단히 새겨져 있다. 1990년 제막 이후 지금까지, 이 표지석은 호텔관광대학을 오가는 수많은 학생과 연구자에게 제각기 다른 의미로 다가갔을 것이다.

나 또한 매일 그 앞을 지나 출근하면서 처음에는 그저 '좋은 말이구나' 정도로만 여겼다. 하지만 시간이 흐르고, 우리가 살아가는 오늘의 세상이 알고 보면 누군가가 한 세대 전, 혹은 백 년 전 상상해낸 미래라는 사실을 깨달으면서 '생각한다'는 행위가 얼마나 위대한 힘을 지니는지 새삼 느끼게 되었다. 과거의 상상이 오늘의 현실을 바꾸었듯, 우리가 무엇을 상상하느냐가 곧 미래의 모습을 결정한다. 그렇게 생각해 보면, 이 표지석으로 호텔관광대학에 깃들인 메시지는 당대보다 훨씬 앞서 있었던 셈이다.

기술의 급격한 발전은 호텔 · 관광 분야를 근본적으로 변화시키고 있다. 그런데 기술이 아무리 발전해도 결국 세상을 움직이는 것은 스스로 질문하고, 세계를 상상하며 새로운 길을 만들어가는 사람들이다. 스마트관광 역시 기술에서 시작한 것이 아니라 "미래의 여행은 어떻게 달라질까?"라는 사람들의 다양한 상상에서 비롯되었다고 보는 것이 옳을 것이다. 즉, 기술은 상상을 실현하는 도구일 뿐, 상상이야말로 미래를 설계하는 출발점인 것이다. 이제 책을 마무리하며, 다시 기본으로 돌아가 '스마트관광의 본질과 미래'를 생각해 본다.

기술이 아닌, 사람이 중심이 되는 스마트관광

경희대학교 호텔관광대학에 부임한 후, 한국관광학회에서 스마트관광의 당위성에 대해 발표한 적이 있다. 여행을 하기 위해서는 자기가 잘 알고 있는 곳에서 낯선 곳으로 이동해야 하는데 이는 불확실성과 위험을 내포하고 있으며, 필연적으로 정보탐색이 필수라는 점을 강조했다. 나는 당시 "우리가 여행에 정보기술을 도입하면 불확실성을 줄이고, 여행을 더 빠르고 쉽고 편하게 할 수 있으니 이런 게 바로 스마트관광이다"라고 했다. 이러한 생각은 경영정보학 분야의 핵심이론인 기술수용모델에 기반한 것이었다. 이 모델은 정보시스템의 유용성과 용이성이 사람들로 하여금 정보시스템을 활용하게 만든다고 주장하고 있다. 이러한 측면에서 제공하는 스마트관광기술의 유용성과 용이성이 사람들을 더 쉽고 편하게 여행할 수 있도록 만든다는 생각에서 나온 말이다.

그 발표 직후 한 교수님께서 건넨 말씀이 지금도 선명하게 마음에 남아 있다.

"정 교수님, 여행은 그런 게 아니에요. 여행은 빠르고 편하게만 한다고 좋은 게 아니랍니다. 여행지에서 만난 사람들과 이야기하다가 예약한 기차를 놓치기도 하고, 그러다 생각지도 못한 작은 마을에서 하룻밤을 보내면서 평생 잊지 못할 추억을 만들 수도 있어요. 그런 게 여행이지요".

그 당시 큰 충격과 함께 무지한 나 자신이 너무나도 부끄러웠다. 평생 경영정보학을 연구해 온 사람으로서, 효율성 · 효과성이라는 경영학의 잣대를 여행과 관광에도 그대로 대입하려 했던 나의 시선이 얼마나 협소했는지 깨달았다. 그 교수님 덕분에 나는 스스로 '여행을 더 빠르고 편리하게 만드는 것이 정말 여행의 본질일까?' 하는 생각을 하게 되었다. 그 일이 계기가 되어 나는 스마트관광에서 기술은 목적이 아니라 도구이며, 진정 중요한 것은 관광객의 다양한 경험이라는 점에 관심을 가지게 되었다. 기술이 여행을 단순화시키는 것이 아니라, 여행자가 더 풍부하고 의미 있는 경험을 할 수 있도록 보조하는 역할, 그것이 스마트관광이 지향해야 할 방향이라는 사실을 비로소 깨달았다.

여행은 행복감을 지속시키는가?

그 대화를 계기로 여행의 본질에 대해 다시 생각하던 즈음, 그분이 쓴 어떤 논문이 내게 또 다른 통찰을 주었다. 이 연구는 여행이 과연 행복감을 지속시키는지에 대한 질문에서 출발하였다. 여기에 따르면 사람들은 평상시에 일정한 수준의 행복감을 유지하고 있는데, 어떤 사건이 있으면 일시적으로 더 큰 행복감을 느끼기도 하지만 시간이 지나면 다시 일정 수준으로 되돌아오는 경향이 있다는 것이다. 그런데 흥미로운 점은 많은 선행 연구에 의하면 사람들은 제품 구매와 같은 물질적 소비보다는 여행과 같은 경험적 소비를 하였을 때 더 큰 행복감을 느낀다는 것이다. 물론 이러한 행복감은 시간이 지나면 약해진다는 학자들도 있지만, 특정한 조건이 충족된다면 여행에서 얻은 행복감은 지속시킬 수 있다는 주장이 있다고도 하였다. 결국 이 연구는 여행에서 행복감을 지속하는 세 가지 방법을 제시한다. 첫째, 여행 전에 준비하면서 여행에 대한 기대를 많이 할수록 행복감이 오랫동안 지속된다는 것이다. 여행의 준비 과정에서 기대를 키우는 자체가 이미 행복의 일부라는 의미이다. 둘째, 여행 중에 예상치 못한 우연한 사건, 이른바 세렌디피티(Serendipity)를 경험할수록 그 여행은 더 오래 기억되고 행복감도 길게 이어진다는 것이다. 끝으로, 해당 여행 자체가 만족스러울수록 행복감이 지속된다고 하였다.

이 세 가지 연구를 스마트관광의 시각에서 바라보면 기술이 해야 할 일은 더욱 명확해진다. 여행 전에는 관광객이 여행 준비를 하면서 기대를 많이 할 수 있도록 설계될 필요가 있다. 여행 중에는 너무 맞춤화된 정보만 제공하기보다는 약간은 엉뚱하고 예측하지 못한 정보도 제시한다. 관광객을 우연한 상황에 노출할 필요도 있을 수 있다. 그리고 무엇보다도 중요한 것은 여행 중 만족스러운 경험을 위해 정보탐색이나 결제, 교통 등의 핵심 서비스가 기술을 통해 매끄럽게 작동하도록 하는 일이다. 스마트기술은 경험의 본질을 대신하는 것이 아니라, 경험이 더 자연스럽고 풍부하게 흐르도록 뒷받침하는 역할을 해야 한다는 것을 이 연구는 다시 일깨워주었다.

진정한 '스마트'란 무엇일까?

호텔관광대학에서 원래 소속이 호텔경영학과(지금은 Hospitality경영학과로 통합되었다)라 호텔과 관련된 강의를 할 기회가 꽤 있었다. 특히 호텔의 디지털 전환에 대해서 주로 강의를 했는데 최근에는 '스마트호텔'이라고 명명해서 스마트호텔이 무엇인지, 어떤 유형이 있는지 등에 대해서 강의했다. 강의 대상은 주로 호텔 소유주나 지배인급 관리자들이었는데, 실무와 밀접한 내용이라 반응도 상당히 좋았다. 한 번은 한국호텔업협

회에서 주관하는 행사에서 호텔업 경영책임자를 대상으로 '관광 · 호텔 트렌드와 디지털 전환'이라는 주제로 특강을 한 적이 있다. 강의가 끝난 뒤 한 경영책임자가 조심스럽게 다가와 이런 고민을 토로했다. 최근에 스마트호텔 열풍에 맞춰 객실마다 태블릿PC를 비치해 두고 이를 통해 에어컨이나 TV 등을 컨트롤 할 수 있도록 했는데 문제가 생겼다는 것이다. 이 호텔은 송파구에 위치해 젊은 고객도 많지만, 아산병원을 방문하는 부모님을 위해 젊은 세대가 대신 예약하는 경우가 적지 않다고 했다. 그런데 고령의 고객들은 태블릿PC 사용이 익숙지 않아, 에어컨이나 TV를 켜는 사소한 문제로도 프론트에 계속 전화를 하게 되면서 업무 부담만 오히려 늘었다는 것이다. "스마트호텔이면 모두가 편리해할 줄 알았는데 그렇지 않더라"는 그의 말이 인상 깊었다.

사실 '스마트'라는 개념은 단순히 '디지털 기술을 도입한다'는 의미를 넘어선다. 사람마다 기술에 대한 경험, 선호, 기대 수준은 모두 다르기 때문이다. 학문적으로는 나이가 많고 디지털 경험이 적을수록 기술 수용이 낮다고 이야기하지만, 정보기술을 전공한 나조차도 아직은 스마트폰이나 태블릿PC보다 종이 수첩과 노트를 선호한다. 결국 스마트함의 기준은 고객의 디지털 기기 사용 능력이 아니라, 기업이 고객의 문제를 해결하고 더 나은 경험을 설계하려는 태도에 달려 있다.

이 사례는 스마트호텔뿐 아니라 디지털 전환을 추진하는 모든 기업이 반드시 고려해야 할 지점을 보여준다. '스마트'란 기술 중심이 아니라 고객 중심이어야 한다는 것이다. 고객이 어떤 특성이 있으며, 어떤 방식을 편하게 느끼고, 무엇을 부담스러워하는지를 먼저 파악하는 것이 스마트의 출발점이다.

디지털 기술을 선호하는 고객에게는 키오스크 체크인이 편리할 수 있지만, 그렇지 않은 고객에게는 직원의 직접 응대가 오히려 '스마트한 서비스'가 된다. 물론 이는 비용과 운영 측면에서 절대로 쉽지 않은 문제다. 그러나 진정한 서비스란 공급자가 편의와 효율을 기준으로 일방적으로 제공하는 것이 아니라, 고객이 진정으로 원하는 방식으로 경험을 설계하는 것이 아닐까?

스마트기술이 사람을 난처하게 만드는 순간들

언제였는지 잘 기억은 나지 않지만, 어느 날 롯데리아에서 따뜻한 커피를 주문하려고 키오스크 앞에 선 적이 있다. 키오스크 사용법이 그다지 복잡한 것도 아니고, 그 앞에서 주눅이 들 나이는 당연히 아니다. 그런데, 이상하게도 화면을 아무리 넘겨보아도 아이스커피는 보이는데 따뜻한 커피는 보이지 않았다. 사람에게는 묘한 육감이 있다고 했던가. 누군가 뒤에서 째려보는 듯한 느낌이 들었는데, 고개를 돌려 보니 이미 줄이 길게 늘어서 있었다. 그런 상황에서 못 본 채하고 메뉴를 계속 주문할 수 있는 사람이 얼마나 될까. 결국 나는 그날 롯데리아에서 따뜻한 커피를 주문하지 못했다.

비슷한 경험은 버거킹에서도 있었다, 햄버거 단품을 하나 시키려고 하는데 선택하고 또 선택하는 화면이 끝없이 이어졌다. 마지막 단계에서 결제하려는 순간 자세히 보니 화면에 나타난 결제 메뉴는 내가 시킨 단품이 아니라 세트 메뉴로 변경되어 있었다. 뒤에 줄을 선 사람도 없길래 취소하고 다시 처음부터 주문하며 살펴보니 맨 마지막 단계에 단품을 세트 메뉴로 변경하겠냐는 질문이 있었다. 그걸 보지 못하고 '예'라고 답변한 것이었다. 햄버거 단품을 구매하는 과정의 긴 끝에 왜 세트 메뉴로 변경하겠냐는 질문을 넣었는지 생각을 해보니 약간 씁쓸하기도 했다. 문득 '이 과정을 모르고 그대로 결제하는 사람도 적지 않겠구나'라는 생각이 들었다.

또 한 번은 배스킨라빈스에 아이스크림을 사러 갔는데 매장 직원 둘이 한가롭게 이야기를 나누고 있었고, 나는 자연스럽게 그들에게 직접 주문했다. 그런데, 돌아온 답은 "주문은 키오스크에서 하세요"였다. 물론 매장에서 키오스크로 주문한다는 사실을 모르는 것도 아니었지만, 직원들이 특별히 바쁜 것도 아닌 상황에서 굳이 고객을 다시 키오스크로 보내야 했을까 하는 아쉬움이 남았다.

이 세 가지 작은 일상의 경험은 단순한 불편이 아니라, 스마트기술이 잘못 설계되었을 때 사람들이 얼마나 쉽게 난처하고 민망한 상황에 놓일 수 있는지를 보여준다. 이는 기술 자체의 문제가 아니라, 사람의 시간 · 감정 · 상황을 충분히 고려하지 않은 경험 설계의 실패다. 결국 '스마트'란 기술의 수준이 아니라, 사람이 난처해지지 않는 서비스를 만드는 일에서 출발한다는 사실을 다시금 깨닫는다.

이러한 문제는 일상의 소소한 장면에서만 나타나는 것이 아니다. 최근 인천공항은 스마트공항을 표방하며 '쉽고, 편하고, 빠른 스마트서비스'를 제공한다고 홍보하고 있다. 물론 스마트패스처럼 몇몇 서비스는 줄을 서지 않아도 되고 매우 신속하게 진행되어, 디지털 기술의 진보가 고객 경험을 분명히 개선하고 있음을 느끼게 한다. 그러나 승객이 직접 수하물을 위탁하는 셀프백드롭(Self Bag Drop)의 경우, 여권을 인식시키고 수하물을 정해진 위치에 올리며, 태그를 발급해 부착하는 일들이 익숙하지 않은 승객들에게는 상당히 까다롭다. 실제로 공항 현장에서는 이러한 절차에 익숙지 않은 사람들이 늘어선 긴 대기줄을 종종 볼 수 있다.

결국 기술이 아무리 앞서도, 그것을 사용하는 사람의 준비도 · 상황 ·

능력을 고려하지 않은 스마트서비스는 오히려 새로운 불편을 만들어낸다. 스마트관광, 스마트공항, 스마트도시가 안고 있는 근본적인 질문 역시 바로 여기에 있다. 앞으로 이 문제를 해결할 세대에게 우리는 무엇을 가르쳐야 할 것인가?

AI 시대의 스마트관광 교육 – 무엇을, 어떻게 가르칠 것인가?

이런 경험을 겪고 나면, 자연스럽게 한 가지 질문으로 되돌아가게 된다.

"그렇다면, 앞으로 이 모든 스마트관광 환경 속에서 살아갈 학생들에게 우리는 무엇을 가르쳐야 하는가?"

현장에서 스마트기술의 명암을 몸으로 느끼고 돌아올 때마다, 나의 시선은 다시 교실로, 그리고 강의실에서 마주하는 학생들의 얼굴로 향한다. 스마트관광을 연구하고 정책을 제안하는 일도 중요하지만, 결국 미래의 여행과 관광을 실제로 만들어갈 사람들은 지금 강의실에 앉아 있는 학생들이기 때문이다.

몇 년 전에 학교에서 '스마트관광 교육세미나'를 개최한 적이 있다. 주변의 다른 학교 교수님들을 모시고 각 대학이 급변하는 디지털 환경에서 스마트관광 교육을 어떻게 하는지 서로 정보를 공유하기 위함이었다. 주로 파이썬과 같은 프로그래밍 언어를 가르치거나 빅데이터 분석이 무엇인지, 온라인 여행사나 공유경제가 무엇인지 어떤 특징이 있는지 가르치는 수업이 주를 이루었다. 그러나 학년에 따른 학습 설계나, 기술학습과 관광경험의 본질을 연결하는 교육과정은 충분히 준비되지 않은 상태였다.

이러한 상황에서 최근 몇 년 사이 우리 강의실 풍경은 완전히 새롭게 변하고 있다. 파이썬으로 간단한 프로그래밍을 하는 것도 익숙해하지 않던 학생들이 생성형 AI를 이용하여 프로그램 코드를 수정하고, 논문이나 보고서 쓰기에도 AI의 도움을 받는 세상이 되었다. 이웃 학교에서는 많은 학생이 중간고사에서 AI를 활용한 사실이 발각되어 뉴스에 대서특필되기도 하였다.

이러한 급변하는 환경에서 정말 중요한 것은 단순히 최신 기술의 동향을 소개하는 것을 넘어서, AI와 데이터가 당연한 전제로 깔린 세계에서 '무엇을 기준으로 선택하고 상상할 것인가'를 함께 고민하는 것이라고 생각한다. 기술을 이해하고, 질문하고, 윤리적인 상상력이 결합할 때 비로소 '스마트'는 완성된다고 믿는다.

그래서 나는 몇 년 전부터는 일방적으로 강의하는 시간을 줄이고 수업 초반에 3개 정도 토론 주제를 제시해 학생들이 서로 의견을 나누도록 하고 있다. 이러한 수업 방식은 학생들도 좋아하고, 역시 요즘 MZ세대 학생들이 어떤 생각을 하는지 들을 수 있어서 교육자 스스로도 유연한 사고를 하는 데 큰 도움이 된다. 시험문제도 외워서 써야 하는 시험문제가 아니라, 오픈북을 전제로 하여 등장인물이 서로 대화하는 몇 개의 상황을 주고, 이 상황이 발생한 원인이 무엇이며, 어떻게 해결할 수 있는지에 대해서 논하라는 식의 문제를 출제하고 있다. 검색하면 다 알 수 있고, AI가 다 알려주는 세상에서 암기력을 평가하는 시험은 더 이상 교육적 의미가 없기 때문이다.

사실 최근에 등장한 새로운 비즈니스 모델을 자세히 살펴보면 콜럼버스의 달걀을 세우는 것과 크게 다르지 않다. 최신 반도체를 개발하는 비즈니스가 아니고서는 대부분의 호텔 · 관광 분야의 비즈니스 모델은 프로세스를 재구성하여 새로운 수익을 창출하는 모델이다. 그런데 이런 모델들이 크게 성공했다고 해서 들여다보면 매우 단순해서 '먼저 시작했으면 나도 했겠다' 하는 생각이 들 정도다. 따라서, 학생들도 요즘 일어나는 여러 가지 현상들을 본인들이 스스로 생각하고 해석해 보고 토론하며, 직접 문제를 정의하는 경험을 할 필요가 있다. 그렇게 하면, 점점 더 생각하는 힘과 새로운 문제해결 능력이 길러질 것이다. 그러면 결국 이들이 앞으로 우리 호텔·관광 분야의 새로운 먹거리를 찾아낼 수 있지 않을까 하는 기대를 하게 된다. 스마트관광 시대의 교육은 지식을 가르치는 일이 아니라, 세상을 새롭게 보는 감각을 길러주는 일이다.

다시, 상상력으로 미래를 창조하자

스마트관광을 둘러싼 모든 논의의 핵심은 결국 사람이다. 앞으로도 AI와 같은 기술은 언제든 더 빨라지고 더 똑똑해질 수 있다는 것을 우리는 너무 잘 알고 있다. 공상과학 영화에서 보던 그 미래가 이미 와 있다. 그러나 **사람만이 새로운 질문을 던질 수 있고, 그 질문을 통해 아직 존재하지 않는 미래를 상상할 수 있다.** 생각한다는 것은 남들이 이미 내린 결론을 반복하는 것이 아니라, 아무도 가보지 않은 길을 호기심과 두려움을 안고 걸어가는 것이다. 그 길에서 우리는 우연을 만나고, 실패를 배우며, 때로는 평생 기억될 장면을 얻게 된다. 지금 이 순간에도 우리는 급변하는 AI 시대의 기술을 이야기한다. 하지만, 사람이 난처해지는 스마트는 결코 스마트가 아니다. 사람을 진정으로 행복하게 해주는 기술만이 스마트다. 앞으로의 스마트관광은 정보의 정확성과 편리성, 효율성을 넘어 경험의 진정성을 향해 나아가야 한다. 사람을 향한 배려에 더 많이 노력을 기울여야 한다. 그리고, 그 미래를 설계할 학생들에게 "살되, 네 생명을 살아라. 생각하되, 네 생각으로 하여라. 알되, 네가 깨달아 알아라"라고 해야 할 것이다.

기술이 여행을 바꾸고 산업을 통째로 바꾸는 시대에 살고 있지만, 앞으로의 변화는 더 깊이 생각하고 더 멀리 상상할 수 있는 사람이 만들어 갈 것이다. 그래서 나는 '스마트관광대전환'을 이야기하며, 다시 한번 이렇게 외친다.

"상상력으로 미래를 창조하자."

그림/사진 출처 표기

그림	출처
[0-1] 비행 택시	Villemard (or Jean Marc Cote) 위키피디아 커먼즈 https://commons.wikimedia.org www.designstack.co/2015/11/futurism-with-illustrated-postcards.html
[0-2] 새로운 형태의 이발사	
[0-3] 커뮤니케이션 시네마(화상회의?)	
[0-4] 미래 학교	
[1-1] 스페인 발렌시아에 위치한 발렌시아 의회 궁전(Palacio de Congresos de Valencia) 발렌시아 대성당(Valencia Cathedral)과 레이나 광장	Design4Innovation (@design4sme) / X
[1-2] 제주 실시간 관광지혼잡도분석서비스	www.visitjeju.net/kr/bigdatamap
[1-3] EarthCam Live	www.youtube.com/watch?v=rnXIjl_Rzy4
[1-4] 프랑스 관광청	www.france.fr/ko/article/fromhome-paris
[1-5] 서울관광재단, 버추얼 MICE 인프라	www.sto.or.kr/tourism05/view?stBusinessSeq=61
[1-6] 스마트관광콘텐츠의 분류 프레임워크	서울관광재단, 〈서울 스마트관광콘텐츠 활용방안 연구〉, 2021.
[2-1] 스마트관광플랫폼의 개념	서울관광재단
[2-2] 스마트관광플랫폼의 유형화	서울관광재단
[2-3] 인천e지와 터치수원	
[2-4] 비짓서울	서울관광재단
[2-5] 서울 스마트관광서비스플랫폼의 유형에 따른 포지셔닝	서울관광재단
[2-6] 서울 열린데이터 광장	https://data.seoul.go.kr
[2-7] 암스테르담 비콘 마일	Amsterdam Smart City
[2-8] 핀란드의 오픈 데이터 서비스, Helsinki Region Infoshare	https://hri.fi/en_gb

그림	출처
[2-9] 스마트도시, 스마트관광, 스마트관광도시의 비교	경희대학교 스마트관광연구소
[3-1] 제주관광지 실시간 혼잡도 평가시스템 구축 사례	www.unwto.org/node/11753
[3-2] 관광산업의 디지털 전환의 산물, 스마트관광도시	챗GPT로 생성
[3-3] 스마트관광도시 인천	한국관광공사
[3-4] 스마트관광을 적극적으로 추진하는 싱가포르(싱가포르 관광청)	www.visitsingapore.com/ko_kr
[4-1] 유럽스마트관광수도 웹사이트	https://smart-tourism-capital.ec.europa.eu/index_en
[4-2] 서울 스마트관광도시 비전과 추진 전략, 핵심과제	서울관광재단
[4-3] 스마트관광도시 구성체계	경희대학교 스마트관광연구소, ㈜컨슈머인사이트
[4-4] 5단계로 구성된 스마트관광성숙도 모델	경희대학교 스마트관광연구소, ㈜컨슈머인사이트
[4-5] 스마트관광도시 성숙도 지수의 도출 과정	경희대학교 스마트관광연구소, ㈜컨슈머인사이트
[4-6] 스마트관광도시 성숙도 지수 결과	경희대학교 스마트관광연구소, ㈜컨슈머인사이트
[5-1] 세그웨이(Segway) 어드벤처를 즐기는 젊은이들	챗GPT로 생성
[5-2] 스마트폰을 이용하여 교통수단 예약 및 결제가 가능한 윔(Whim)	챗GPT로 생성
[5-3] 독일의 자율주행버스가 다니는 프랑크푸르트 리더발트 일대 지도 및 이지	챗GPT로 생성
[5-4] 체험할 수 있는 XR버스	챗GPT로 생성
[5-5] 프리미엄 모빌리티를 지향하는 아이엠택시	챗GPT로 생성
[6-1] 투입산출분석의 과정	챗GPT로 생성
[6-2] 스마트관광의 경제적 파급효과의 과정	챗GPT로 생성
[6-3] 제1호 스마트관광도시인 인천 개항장	위키피디아 커먼즈 https://commons.wikimedia.org 챗GPT로 생성
[6-4] 스마트관광도시의 목표	한국관광공사

그림	출처
[6-5] 알묘조장(揠苗助長)	챗GPT로 생성
[7-1] 호캉스, 스마트호텔, 경험을 키워드로 생성한 이미지	챗GPT로 생성
[7-2] 고객 지원을 위한 태블릿 PC 예시	챗GPT로 생성
[7-3] 호텔의 'AI 컨시어지' 서비스	챗GPT로 생성
[7-4] 무인매장	챗GPT로 생성
[7-5] 호텔이 도입한 버틀러 로봇	챗GPT로 생성
[7-6] 호텔의 객실에서 즐길 수 있는 메타버스 VR	챗GPT로 생성
[7-7] 일본 헨나호텔의 프론트데스크	위키피디아 커먼즈 https://commons.wikimedia.org 챗GPT로 생성
[7-8] 영국 최초의 객실키가 필요 없는 뮤지엄 호텔	위키피디아 커먼즈 https://commons.wikimedia.org
[7-9] 루마호텔의 배달 로봇 루시와 루미	챗GPT로 생성
[7-10] UAE 최초 챗GPT 기반 가상 호스피탈리티 컨시어지 '누하'	챗GPT로 생성
[8-1] 인간의 노동력을 대체한 산업용로봇	챗GPT로 생성
[8-2] 불쾌한 골짜기(Uncanny Valley) 이론	위키피디아 커먼즈 https://commons.wikimedia.org
[8-3] 야외수영장에서 영화를 볼 수 있는 호텔	챗GPT로 생성
[8-4] 아마존의 알렉사 인공지능스피커	저자 제공
[8-5] 비즈니스논리의 진화	www.sciencedirect.com/science/article/pii/S0278431917308940
[8-6] 경험이 오래도록 기억에 남아 가치를 갖는다	챗GPT로 생성
[8-7] 예술작품이 살아나는 증강현실 경험(싱가폴 리츠칼튼 호텔)	위키피디아 커먼즈 https://commons.wikimedia.org web-Frank-Stella-Cornucopia
[9-1] 프로모션 이벤트 로봇	챗GPT로 생성
[9-2] 스마트MICE 이미지	챗GPT로 생성
[9-3] 서울디지털재단이 조성한 '메타피스' 활용 회의 장면	챗GPT로 생성

그림	출처
[9-4] e-자료집을 보는 참관객	www.miceseoul.com/eng/bbs/BMSR00002/view.do?menuNo=900037&boardId=3672
[9-5] 웨비나가 가능한 티맥스소프트의 가상홍보관	http://weeklypost.kr/news/articleView.html?idxno=5574
[9-6] 오프라인 현장에서 발표하는 발표자와 현장 화면	한국스마트관광학회
[9-7] 국제 학술대회 유튜브 실시간 방송	한국스마트관광학회
[9-8] 마이시스가 도입될 김대중컨벤션센터 내부	챗GPT로 생성
[9-9] 워들리(Wordly)를 사용하는 사람과 회의실에서 제공되는 실시간 번역	Government Technology
[9-10] HMD를 착용하고 몰입형 자연 전시회를 관람 중인 참관객	챗GPT로 생성
[9-11] 로봇 소피아와 상호작용하는 모습 (ST Education Forum 2024)	The Straits Times www.youtube.com/watch?v=tvu8xNm-1Zo
[9-12] 쿠알라룸푸르 컨벤션센터	https://bernama.com/en/news.php?id=2299953
[10-1] 인천 송도컨벤시아 스마트MICE 라운지	송도컨벤시아 https://songdoconvensia.visitincheon.or.kr/page/smice-lounge.do
[10-2] 호주 멜버른 컨벤션센터 전경	위키피디아 커먼즈 https://commons.wikimedia.org
[10-3] 스마트MICE에서 참관객들의 경험 여정 향상을 위한 서비스 예시	한국관광공사
[10-4] 스마트MICE는 효과적인 협력과 유연한 네트워킹을 가능하게 한다	챗GPT로 생성
[10-5] 미국 새너제이에서 열린 '갤럭시 언팩 2024' 행사 현장	news.samsung.com
[10-6] 2024 SXSW Expo Innovation Award Winner	SXSW, www.sxsw.com/exhibitions
[10-7] UN이 제시한 17가지 지속가능발전목표(SDGs)	위키피디아 커먼즈 https://commons.wikimedia.org
[10-8] 2024 세계경제포럼 플랫폼: 가상현실이 이끄는 글로벌 협력 마을	DATAFORT

그림	출처
[10-9] IMEX Frankfurt 2024	www.travelandtourworld.com/news/article/imex-frankfurt-2024-elevate-your-presence-in-the-events-industry/
[10-10] 스마트MICE와 SDGs 구현	챗GPT로 생성
[11-1] 스마트기술이 가져온 K-관광콘텐츠의 진화	챗GPT로 생성
[11-2] 핀란드 헬싱키의 지역관광정보 플랫폼	www.myhelsink.fi
[11-3] 일본 이세시마 지역의 방문객을 지원하기 위해 고안된 전동휠체어	사단법인 미에(三重)현 관광연맹
[11-4] 베를린필 디지털콘서트홀	Berliner Philharmoniker www.youtube.com/watch?v=OIU5CUg7VkA
[11-5] 스마트공연예술이 만드는 새로운 공연서비스	챗GPT로 생성
[11-6] AR 라이브중계, 프로젝션 매핑 기술 등이 사용된 무용 '루시드 드림 II'	한국문화예술위원회
[12-1] 세종문화회관, 게임음악 콘서트	라이엇게임즈
[12-2] 8·15 광복절 메타버스 콘서트	예술스타트업 가치창조제이
[12-3] 안방에서 즐기는 프리미엄 예술 콘텐츠 큐레이션	예술의전당
[12-4] 온라인 이머시브 퍼포먼스 '미여지뱅뒤'	marojeju
[12-5] 초현실적이고 스펙터클 한 트래비스 스콧의 포트나이트 콘서트	The Verge
[12-6] 오페라비전의 웹사이트	operavision https://operavision.eu/digital-stage-emerging-artists
[12-7] 슬립노모어 공연 장면	Shine
[12-8] 알론조 킹 라인즈 발레단 공연 장면	Segerstrom
[13-1] 배우의 움직임에 따라 실시간으로 변화하는 몰입형 무대효과	BIBILED
[13-2] 지속가능성을 우선시하는 콜드플레이의 공연무대	BIBILED
[13-3] 스마트공연예술은 누구의 예술일까?	챗GPT로 생성
[13-4] 관객이 능동적 '공동 창작자'로 참여하는 인터랙티브 공연	챗GPT로 생성

그림	출처
[13-5] 기술 수용성에 따라 다르게 받아들여지는 스마트공연예술	챗GPT로 생성
[13-6] 핀란드의 '가상 합창단(Virtual Choir)' 프로젝트	Eric Whitacre https://ericwhitacre.com/the-virtual-choir/history/vc3-waternight
[13-7] 디지털 캐터펄트(Digital Catapult) 웹 사이트의 CreativeXR 사례 소개	www.digicatapult.org.uk/case-studies/study/creativexr/#
[13-8] 새로운 세대의 연극을 위한 끊임없는 변화를 추구하는 프랑스의 테아트르 누벨 제네라시옹	챗GPT로 생성
[13-9] NUMIX LAB 2025 행사 안내	NUMIX LAB, https://numixlab.com/en/numix-lab-2025-en
[14-1] 스마트레스토랑 트렌드를 이끄는 외식산업 환경 변화	챗GPT로 생성
[14-2] 스마트레스토랑과 푸드테크	챗GPT로 생성
[14-3] 닭 튀기는 로봇 셰프	챗GPT로 생성
[14-4] 스마트레스토랑은 다양한 스마트서비스가 융합되어 제공된다.	챗GPT로 생성
[14-5] 스마트레스토랑에서 인간은 무엇을 해야 할까?	챗GPT로 생성
[14-6] 새로운 레스토랑 체험을 제공하는 런던의 Inamo	Inamo
[14-7] 포용적 기반이 되는 스마트레스토랑	챗GPT로 생성
[15-1] 명동에 진출한 일본의 헨나호텔	jp.trip.com
[15-2] 스마트호텔에 등장한 QR코드를 이용한 주문방식과 딜리버리 로봇	[고로캐TV] 고경철, 로봇을 캐다 https://www.youtube.com/playlist?list=PLoOwqasNVApnPkHwmYI8z1FsP6XWkvxZ-

스마트관광 대전환

초판 1쇄　인쇄　2025년 12월 10일
초판 1쇄　발행　2025년 12월 25일

지은이　정남호
펴낸이　김진상
책임 편집　윤민혜
디자인　양송희

펴낸곳　경희대학교 출판문화원
주소　서울시 동대문구 경희대로 26
전화　02-961-0106~8
팩스　02-961-0291
설립　1960년 9월 16일 제5-8호
등록　1977년 11월 8일 제6-5호
홈페이지　www.khupress.com
전자우편　press@khu.ac.kr

ISBN　978-89-8222-820-9 (03320)

* 본 서는 2023년 대한민국 교육부와 한국연구재단의
지원을 받아 수행된 연구임(NRF-2023S1A5C2A03095253)